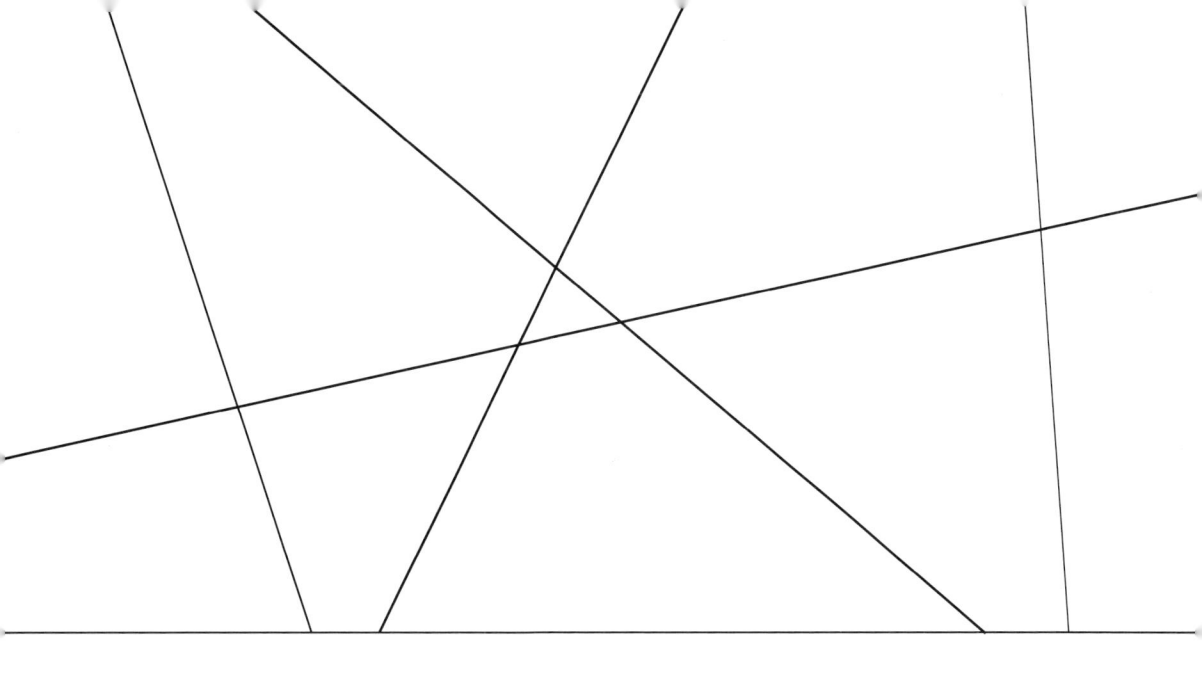

对外开放与企业创新：
政策竞争视角

付红艳　著

中国社会科学出版社

图书在版编目（CIP）数据

对外开放与企业创新：政策竞争视角 / 付红艳著. —北京：中国社会科学出版社，2021.3
ISBN 978 - 7 - 5203 - 7940 - 3

Ⅰ. ①对… Ⅱ. ①付… Ⅲ. ①对外开放—关系—企业创新—研究—中国 Ⅳ. ①F125 ②F279.23

中国版本图书馆 CIP 数据核字（2021）第 028898 号

出 版 人	赵剑英	
责任编辑	许　琳	
责任校对	鲁　明	
责任印制	郝美娜	

出　　版	中国社会科学出版社	
社　　址	北京鼓楼西大街甲 158 号	
邮　　编	100720	
网　　址	http://www.csspw.cn	
发 行 部	010 - 84083685	
门 市 部	010 - 84029450	
经　　销	新华书店及其他书店	

印刷装订	环球东方（北京）印务有限公司	
版　　次	2021 年 3 月第 1 版	
印　　次	2021 年 3 月第 1 次印刷	

开　　本	710×1000　1/16	
印　　张	14	
字　　数	201 千字	
定　　价	88.00 元	

凡购买中国社会科学出版社图书，如有质量问题请与本社营销中心联系调换
电话：010 - 84083683
版权所有　侵权必究

前　言

中国创造了发展奇迹，对外开放在其中发挥了至关重要的作用。经历40多年的发展，中国对外开放循序渐进、成果卓著。从一开始的经济特区，到沿海开放城市，再到沿海经济开发区、产业园区和保税区，发展到近些年的自由贸易区和自由港等，中国对外开放战略和中国特色的开放型经济发展不断走向深入。中国经济发展的成就令世界瞩目，引起了西方世界所谓"中国威胁论"的兴起。特别是美国对中美实力对比变化尤为恐慌，从2018年3月开始持续至今的中美贸易摩擦，是美国遏制中国崛起的政策手段。而中国要想突破美国的压制、实现高质量发展，就要坚持高水平的对外开放，利用外资和贸易带动相关产业发展，更为重要的是带动企业创新。创新是推动国家经济持续发展、提高国家核心竞争力、促进现代化经济体系转型升级的重要动力源泉。

对外开放是否带动了本国企业的创新值得深入探讨。尽管在国际经济学框架下研究对外开放政策，学术界已经取得了相当多的研究成果。但已有关于对外开放与创新关系的研究，大多忽视了政策竞争的存在，即使有少量的研究论及了政策的作用，但这些研究均具有一定的局限性，并未形成系统的论著。因此，本书从政策竞争的视角，对引进外资、对外投资、平行贸易以及与此相关的企业创新进行系统分析，以探求有利于企业创新的对外开放政策。

首先，本书评述了对外开放与创新的研究文献。主要从创新理论的产生与发展、国际直接投资以及国际贸易三个方面，梳理问题研究的理论脉络。关于对外开放与企业创新的研究引入了更现实的因素——政策的不对称性，这是相对于仅在国家或者行业层面探讨政策因素对对外开放形式选择以及企业创新研究的进步。

然后，本书构建理论模型，分别分析对外直接投资形式、区位选择及其对东道国企业创新的影响，以及平行进口政策对企业创新的激励效果。在现有知识体系的基础上，本书所做的可能贡献主要体现在：

（1）尝试将政策竞争、跨国公司对外直接投资的形式选择、区位选择以及企业的创新活动纳入同一框架内，从理论上研究它们之间的相互关系。研究发现，政策竞争的存在严重影响跨国公司的投资策略，最终赢得投资的国家或地区得到福利改进，但是倘若没有政策干预，跨国公司的投资行为可能会损害东道国的福利；从刺激企业创新的角度，积极地引进外资不失为一个很好的举措；更为重要的是，东道国并不必然为外资提供政策激励。

（2）考虑到投资成本严重影响跨国公司的投资决策，本书进一步将跨国并购的交易价格内生化，分别从潜在的被并购对象具有生产效率差异、生产产品质量不同角度，集中研究跨国公司最优的并购目标选择及其对东道国的福利影响，以及在何种情况下东道国应该采取政策干预或借助反垄断调查阻止对本国不利的跨国并购问题。研究发现，跨国公司选择不同的并购对象可能催生垄断，这对东道国的消费者乃至政策调整产生深远影响。更为重要的是，对东道国而言，外资并购本国高效率企业有时反而要优于并购低效率企业。这是对现有跨国并购模型的一个改进，在一定程度上为许多跨国并购的案例中存在强强联合提供了合理的解释。

（3）通过引入工资因素，分析平行进口政策对企业创新的影响，并对企业之间的效率差异与贸易成本的变化对平行进口的创新效应进行了比较静态分析。研究发现，尽管平行进口因加剧品牌间的竞争损害了原生产厂商的利润，但会降低工人工资而增加原生产厂商的利润，综合以上两方面的经济效应，允许平行进口在一定条件下反而会提高原生产厂商的创新积极性。

最后，在理论探讨的基础上，本书对中国40多年开放经济发展实践、经验进行总结，对中国省际间政策竞争的转移效应及其在对外开放中的作用进行了经验研究。通过对江苏省对于其他省份外商直接投资转移效应的考察，研究发现，地区间的政策竞争导致江苏省实际利用外商直接投资的增加，抑制了其他地区外资的流入；廉价劳动力、广阔的市场、完善的基础设施、较高的对外开放程度和市场化水平等是外商来华投资的主要原因，政策优惠对外资有一定的吸引力。此外，通过对辽宁省与山东省等其他沿海省份进行比较，分析中国对外开放进程中存在的问题，针对新时代中国对外开放经济高质量发展，提出一些相应的建议。

本书在汲取前人研究方法和成果的基础上，从政策竞争视角对对外开放与企业创新进行系统分析，以探求有利于中国实现创新驱动发展的对外开放政策。本书所做的研究既完善了国际经济理论，也深化了创新理论的研究和制度设计，从企业微观层面上探讨了对外开放的合理路径。这项研究对于中国更好地利用对外开放以激励本国企业创新，实现高质量发展具有重要的参考价值。此外，本书的研究拓展了产业组织理论在国际经济学领域的应用，希望能够为后续研究提供一定的借鉴。由于学识所限，本书不可能对对外开放与企业创新研究这一重大课题进行全方位的分析，只能从某一特定研究视角出发，因此本书所得出的结论也就呈现出不可避免的局限性，欢迎广大同行多提宝贵意见。

目 录

第一章 导论 ……………………………………………………………… 1
   第一节 研究意义 ……………………………………………………… 2
   第二节 研究思路 ……………………………………………………… 5
   第三节 研究贡献 ……………………………………………………… 7
第二章 对外开放与企业创新的理论回顾 ………………………………… 9
   第一节 创新理论的产生与发展 ……………………………………… 9
   第二节 国际直接投资与企业创新 …………………………………… 11
      一 国际直接投资的决定因素及福利效应 ………………………… 12
      二 政策竞争与国际直接投资 ……………………………………… 16
      三 国际直接投资对企业创新的影响 ……………………………… 19
   第三节 国际贸易与企业创新 ………………………………………… 23
      一 贸易自由化与企业创新 ………………………………………… 24
      二 进出口贸易与企业创新 ………………………………………… 26
      三 平行进口贸易与企业创新 ……………………………………… 29
第三章 技术占优型跨国公司投资策略与东道国企业创新 …………… 32
   第一节 政策竞争与跨国公司投资策略 ……………………………… 34
      一 无政策干预的情况 ……………………………………………… 34

二　存在政策竞争的情况 …………………………………… 39
　　三　仅一国进行政策干预的情况 …………………………… 43
　第二节　引入企业创新的拓展模型 ……………………………… 49
　　一　企业的创新动机 ………………………………………… 50
　　二　跨国公司的投资选择与政府的最优政策 ……………… 52
　第三节　结论分析 ………………………………………………… 54

第四章　技术落后型跨国公司投资策略与东道国企业创新 ………… 56
　第一节　政策竞争与跨国公司投资策略 ………………………… 57
　　一　无政策干预的情况 ……………………………………… 57
　　二　存在政策竞争的情况 …………………………………… 62
　　三　仅一国进行政策干预的情况 …………………………… 65
　第二节　引入企业创新的拓展模型 ……………………………… 70
　　一　企业的创新动机 ………………………………………… 70
　　二　跨国公司的投资决策与政府的最优政策 ……………… 72
　第三节　结论分析 ………………………………………………… 73

第五章　跨国公司的投资策略与东道国的最优政策：序贯行动 …… 76
　第一节　模型的基本假设 ………………………………………… 77
　第二节　高效率企业作为市场领导者 …………………………… 78
　　一　无政府干预 ……………………………………………… 80
　　二　存在政策竞争 …………………………………………… 82
　第三节　低效率企业作为市场领导者 …………………………… 84
　　一　无政府干预 ……………………………………………… 86
　　二　存在政策竞争 …………………………………………… 87
　第四节　结论分析 ………………………………………………… 90

第六章　跨国并购的对象选择：交易价格内生化 …………………… 92
　第一节　并购对象的生产效率不同 ……………………………… 93
　　一　寡头竞争 ………………………………………………… 94

二　寡头竞争与垄断独占 ·················· 97
　　三　垄断独占 ···························· 98
第二节　并购对象生产不同质量的产品 ············ 99
　　一　产品差异化竞争 ······················ 100
　　二　高质量产品垄断与产品差异化竞争 ······ 102
　　三　低质量产品垄断与产品差异化竞争 ······ 104
第三节　结论分析 ······························ 105

第七章　平行进口与企业创新 ···················· 107
第一节　创新的不确定性 ························ 108
　　一　生产厂商的创新决策 ·················· 109
　　二　利润最大化 ·························· 110
第二节　激励创新的平行进口政策 ················ 111
　　一　禁止平行进口的情况 ·················· 111
　　二　允许平行进口的情况 ·················· 113
　　三　平行进口政策与企业创新动机 ·········· 118
第三节　结论与启示 ···························· 121

第八章　外商直接投资在中国区位选择的经验研究 ···· 123
第一节　中国各地区实际利用外资的经验观察 ······ 126
第二节　外商直接投资转移效应的显著性检验 ······ 128
　　一　变量的设定与数据来源的说明 ·········· 128
　　二　计量方法与估计结果 ·················· 132
　　三　估计结果的稳健性检验 ················ 135
第三节　政策对吸引外商直接投资的贡献度 ········ 137
　　一　指标的选取 ·························· 137
　　二　模型的估计结果 ······················ 144
第四节　结论与启示 ···························· 147

第九章 对外直接投资的经验研究：以辽宁为例 ················ 149
  第一节 中国对拉美、非洲投资的特征研究 ··················· 150
  第二节 辽宁对拉美、非洲投资现状及潜在问题 ··············· 158
    一 境外投资全况 ······································· 158
    二 存在的问题：以山东为参照 ··························· 160
  第三节 研究结论与资政建议 ······························· 166
第十章 结论与展望 ······································· 170
  第一节 结论与启示 ······································· 170
    一 研究结论 ··· 170
    二 研究启示 ··· 172
  第二节 研究展望 ··· 178
参考文献 ··· 179
附录 ··· 202
  附录A 第三章的参数取值、模型推导 ······················· 202
  附录B 第四章的参数取值、模型推导 ······················· 205
  附录C 第五章的参数取值 ································· 208
  附录D 第七章的命题证明 ································· 208
后 记 ··· 212

图表目录

图 3-1　技术占优型跨国公司的投资策略 …………………… 41
图 3-2　政策竞争下技术占优型跨国公司的投资策略与各国的引资
　　　　政策 ……………………………………………………… 43
图 3-3　仅 A 国进行政策干预情况下技术占优型跨国公司的投资
　　　　策略 ……………………………………………………… 45
图 3-4　仅 B 国进行政策干预情况下技术占优型跨国公司的投资
　　　　策略 ……………………………………………………… 48
图 4-1　技术落后型跨国公司的投资策略 …………………… 63
图 4-2　政策竞争下各国的引资政策 ………………………… 65
图 5-1　高效率企业作为市场领导者情况下各国的引资政策 …… 84
图 5-2　低效率企业作为市场领导者情况下各国的引资政策 …… 90
图 7-1　允许平行进口时创新成功与创新失败的利润差值 …… 120
图 8-1　中国各地区的实际利用外商直接投资 ……………… 126
图 8-2　中国实际利用 FDI 与税收优惠指数的关系 ………… 144

表 3-1　数值分析结果 ………………………………………… 53
表 4-1　模拟结果 ……………………………………………… 73

表 8-1	主要变量的描述性统计	132
表 8-2	基于中国省级面板数据的估计结果	134
表 8-3	基于各地区 FDI 比重的估计结果	136
表 8-4	中国引资政策优惠时间表	138
表 8-5	外商投资企业所得税税率汇总	141
表 8-6	政策优惠指数	142
表 8-7	主要变量的描述性统计	143
表 8-8	政策有效性检验结果	146
表 9-1	中国对外直接投资流量情况（分国家地区）	151
表 9-2	中国对外直接投资分行业情况	152
表 9-3	2013 年末中国境外企业在世界各地区覆盖比率	154
表 9-4	2013 年末中国境外企业未涉及的国家（地区）	154
表 9-5	中国对非洲主要国家（地区）的直接投资流量情况	155
表 9-6	中国对拉丁美洲主要国家（地区）的直接投资流量情况	155
表 9-7	2013 年末中国对非洲和拉丁美洲直接投资存量前五位的行业	156
表 9-8	2012—2013 各年中国非金融类对外直接投资分省市区	158
表 9-9	2005—2013 年辽宁、山东非金融类对外直接投资流量	160
表 9-10	山东省境外投资项目数各大洲分布情况	163
表 9-11	山东省境外投资协议投资总额各大洲分布情况	164

第一章 导论

在经济全球化下,中国积极参与国际经济竞争与合作。中国既成为"世界工厂",又成为"世界市场",为世界经济发展做出了巨大贡献。自改革开放以来,中国贯彻"引进来"和"走出去"相结合的双向开放战略,国家统计局数据显示,2018年,中国吸引外商直接投资额共计1349.7亿美元,对外直接投资额达1298.3亿美元,总量均位居世界前列;同年,中国货物贸易出口总额达2.48万亿美元,继续保持着世界第一大贸易国地位。

根据世界知识产权组织(WIPO)数据,2018年中国国际专利申请量达5.33万件,仅次于美国(5.61万件),高居世界第二位。但质量上与发达国家差距明显,2014—2018年中国发明专利申请量占比从39.3%下降至35.6%,年均下降约0.93个百分点,2018年中美知识产权贸易顺差率分别为-72.9%和41.6%,中国高价值专利匮乏问题凸显。此外,中国的创新效率与发达经济体之间也有较大差距(陈劲,2018)。中国创新正陷入"低质低效"的双低困境,不仅降低了研发资源的利用效率,更制约中国经济转向高质量发展。进一步扩大对外开放能否更好地激励本国企业的创新,有效破解中国式创新双低困境?深入研究该问题具有较强的理论价值和现实意义。

第一节 研究意义

伴随对外开放和开放经济实践发展的不断深化深入，中国对外开放的手段、领域、方式在不断走向深化：从主要依靠减税等优惠政策吸引外资，逐步确立中国世界加工厂的地位，到注重营造公平竞争、公平开放的市场环境；从运用低成本优势参与国际分工，到逐渐融入全球价值链分工体系；从加入WTO、降低甚至消除关税壁垒，到推动投资贸易便利化、加快"放管服"等改革。中国逐步形成一个高层次、宽领域、全方位的开放型经济体系。从对外开放实践发展来看，中国对外开放的手段主要有对外贸易（包括进出口贸易）、引进外资（包括吸引国外先进技术和管理经验）、实行对外投资（包括各种形式的国际经济合作）、服务贸易（包括技术贸易、对外承包工程和劳务合作以及国际旅游等）。

对外直接投资作为世界经济中极其活跃的组成部分，在世界各国经济活动中发挥着重要的作用。跨国公司一般通过跨国并购和新建投资两种形式实现对外直接投资，其主要目的是拓展国际市场、寻求规模经济、获取关键性资源和关键性技术。跨国公司的对外直接投资策略不仅受其逐利动机的影响，而且受到目标国招商引资政策的规制。从国内和国际政策层面来看，投资政策的趋势有了截然不同的变化，不再是以国家或市场为主导，而是呈现出明显的二元性，即在继续实行投资自由化及便利化以应对国家间竞争加剧的同时，为了实现公共政策目标（如保护环境、减贫、维护国家安全等），对外资的管制也在逐步加强。[1] 然

---

[1] 2010年世界投资报告指出：2009年确定的102项与外国投资相关的新的国家政策措施中，有71项都旨在进一步放宽对外国投资的限制和促进外国投资。其他31项新的国家政策措施旨在加强对直接外资的管制，这些措施占政策总数的30%以上，这一比例是1992年自贸发会议报告这些措施实施以来最高水平。

而，这并不意味着各国对外资失去了兴趣，恰恰相反，各国广泛使用投资促进措施影响跨国公司的投资选择（UNCTAD，1996；Oman，2000）。尤其在全球经济复苏的大背景下，各国政府的引资热情更是空前高涨，引发了新一轮的引资竞争。据不完全统计，全世界共有超过160个国家制定了外资激励政策（林龙辉等，2010）。

虽然各国引资政策的细节披露有限，但我们可以从大量的案例研究中发现相关的证据。2007年德州仪器公司宣布有意在亚洲投资10亿美元建立一个装配工厂，消息一经传出便引起了菲律宾、中国、泰国和越南之间激烈的争夺，最终新工厂设在菲律宾的经济特区（Ma，2010）。2004年，AMD公司在德国德累斯顿建立一个微芯片生产工厂，因此获得了价值5.5亿美元的补贴；2001年，德国莱比锡凭借财政支持和基础设施在内的一揽子优惠政策打败了众多竞争对手，赢得了宝马公司价值8.6亿美元的投资项目，该投资项目大约可以带来5500个就业机会；2001年，日产公司在收到价值5800万美元的补贴之后，收回了之前迁移英国桑德兰工厂的威胁；1996年，英国政府为吸引现代公司在英格兰建厂，为每一个工作机会提供19万美元的补贴（Charlton，2003）。

这些证据大部分集中在新建投资方面。事实上，针对不同形式的外国投资，各国政府甚至普通老百姓的态度也有很大不同。因为企业的跨国并购不仅会转移东道国企业的利润，而且会通过购买、闲置目标企业的品牌，自然"消除"有力的竞争对手，这种对地方品牌的蚕食，容易引发人们的担心和不满。① 在审查通过外资企业对国内企业的并购案件时，各国政府也往往比较谨慎。例如，2005年美国众议院以危害国家安全为由，投票否决了中海油公司收购美国优尼科公司的议案；2009年3月18日中国商务部凭借反垄断调查拒绝了可口可乐公司并购汇源

---

① 2008年9月3日，可口可乐公司宣布计划以现金收购中国汇源公司，此消息一经披露，在中国立即引起轩然大波。

对外开放与企业创新：政策竞争视角

公司；2009年6月中国铝业公司并购力拓公司的失败也被怀疑受到政府的阻挠。相对而言，因为跨国公司的新建投资不会直接影响地方品牌，所以不会过大地引发当地居民和政府的抵触情绪。尤其是对那些可以大量增加就业的投资项目，各国政府甚至颁布了许多优惠的政策来吸引外国投资者（UNCTAD，2007），前文列举的诸多例子就是很好的证据。

跨国公司的对外直接投资在推动全球经济发展中发挥着至关重要的作用，其投资模式及投资区位的选择不仅关乎着自身的经济利益，而且也影响东道国企业的创新行为，从而更深层次地影响着东道国的福利以及相关国家的利益。目前约束东道国政府引资政策的国际协定相对较少，各国之间的引资竞争也异常激烈，政策的不对称性更增加了问题的复杂性。在以往的研究中，学者们主要集中于跨国公司对外直接投资的动机及其经济影响的问题研究。东道国政府的作用，尤其是政策竞争、竞争地位对跨国公司的投资策略、东道国的福利、当地企业的创新行为的影响分析，以及各国政府如何在兼顾投资者利益的基础上，选择对本国最有利的外商投资是国际经济学理论研究中亟待填补的一个领域。因此，对这些问题的研究不仅有非常重要的理论价值，而且对跨国公司的投资实践和政府的招商引资政策的制定也有很强的指导意义。

中国自2015年2月陆续在多家自贸区推行平行进口车业务，但遭到宝马、奔驰等生产厂商的质疑和抵制，究其原因是这些进口车的生产厂商认为平行进口车销售数量的增加，对其在中国的利润以及未来的发展构成了威胁。事实上，世界各国对平行进口的合法性也有很大分歧，对平行进口持有或允许，或禁止，或分类规制等不同且存在相对变化的态度。允许平行进口是否会打击本国企业的创新积极性，对此问题的研究有助于平行进口政策的制定。

政策激励一直被认为是中国成为外商直接投资的首选目的地的重要原因。不可否认，政策优惠在中国早期的招商引资中发挥了重要的作用，但是随着中国经济的稳步发展，不断深化的对外开放和市场化改革，政策优惠对外资的吸引力有减弱的趋势（万莹，2000）。近年来关于对外资的政策倾斜问题争论不休，政策优惠是否仍是外资大量涌入中国的主要原因，中国应该依托哪些有利的因素吸引新的外商投资，这些都有待于我们进行更为细致地研究与思考。此外，尽管中国各地区的宏观政策环境大致相同，但是地区间的经济环境与引资政策差异造成了外商直接投资在中国地区间分布的极度不平衡。很显然，一个地区的招商引资不仅受制于自身的投资环境，而且与地区间的投资创造效应和政策竞争形成的转移效应有着必然的联系。比较投资转移效应和创造效应的大小从一定程度上更好地解释了地区间的竞争关系，这对中国改善外商投资的地区分布不均乃至缩小地区间的经济差距有很好的指导意义。

第二节 研究思路

本书共分为四个部分，共十章：

第一部分是对相关研究的评述，主要体现在第二章。第二章主要对对外开放与创新相关的文献进行评述，梳理问题研究的理论脉络。首先，介绍了创新理论的产生与发展；其次，从国际直接投资的决定因素及其福利效应、政策竞争以及国际直接投资对东道国企业创新的影响等三个方面，对国际直接投资与企业创新的相关理论进行评述，并阐明了前人研究存在的缺陷与不足。最后，分别对贸易自由化、进出口贸易与与企业创新的相关研究进行了梳理与评述，考虑到平行进口贸易的特殊性，分别梳理了平行进口政策、经验研究以及平行进口对企业创新的影响三方面的文献。这并不是一个包罗万象的评述，而是按照本书研究目的所做的文献梳理。上述关于对外开放与创新的研究，大多没有论及政策竞争。即使有少量文献研究了政策竞争对于跨国公司投资策略的影响，但存在研究假设过于简单而难以解释现实问题的弊端。第二章论述了本书的理论基础，以揭示本书理论框架本身所涉及问题的内在演化逻辑，为下文模型的构建奠定理论基础，确认本书选题的针对性。此外，根据研究需要还有少量文献穿插于分析问题的过程中。

第二部分理论研究在开放条件的分析框架下，构建理论模型，系统地研究存在政策干预的情况下新建投资、跨国并购以及平行进口的策略选择及其对企业创新与社会福利的影响，主要体现在本书的第三、四、五、六、七章。第三、四章先后分析了技术占优型、技术落后型跨国公司的投资选择及其福利效应与创新效应。基于一个不对称的两国贸易模型：一个跨国公司选择到发达国家并购企业或者到落后国家新建投资，分别考察了没有政策干预、一国有政策以及两国开展引资竞争三种不同条件下，跨国公司的投资选择与东道国的最优外资政策，以及跨国公司决策对于东道国企业创新与相关国家利益的影响。第五章重点考察了序贯行动情形下国家间的引资竞争、竞争地位以及贸易成本对于跨国公司投资选择、东道国的最优外资政策及其对东道国企业创新的影响。以上的理论研究都是基于对外直接投资成本完全相同的假定。但是不可否认，投资成本严重影响跨国公司的投资决策，而且一般而言，并购不同企业的交易价格会有很大差异。为了更加贴近现实，第六章将并购的交易价格内生化，进而研究企业间的技术差距对跨国公司并购对象选择的影响，以及东道国的政策设置。第七章围绕平行进口合法性问题，基于一个多阶段博弈模型，探讨平行进口政策及其对于企业创新激励的影响。

第三部分是对中国省际间外资政策差异的转移效应与政策优惠在中国引资中的有效性，以及辽宁企业对外投资的经验研究，以对本书的理论分析提供经验支持，主要体现在第八、第九章。第八章通过选取中国省级面板数据来考察政策优惠是否是构成外商来华投资的主要动因，中国地区之间是否存在明显的投资转移问题。研究发现，江苏省对于其他省份的外商直接投资存在显著的转移效应，政策优惠对外商具有一定的吸引力，人力资本禀赋的激励作用并不明显，劳动力成本、市场化水平、对外开放程度、市场规模、基础设施是影响外商在华投资的主要因素。为了吸引更多的外商投资，中国应加强基础设施建设、不断完善市场经济体制、扩大开放领域、降低外资的进入成本和经营风险，通过适当的政策倾斜增强对外商投资的吸引力。第九章选取作者所在的辽宁省为分析对象，作为东北重要的老工业基地，辽宁省对外投资规模远远落后于同为沿海省份的浙江省、江苏省、山东省等省份，辽宁省在拉美、非洲新兴地区的投资仍有很大增长空间。本章重点剖析拉美、非洲新兴地区吸引辽宁企业投资的优势与存在的风险，提高企业海外投资的成功率与效益，从而为辽宁企业向拉美、非洲新兴地区投资的策略制定提供可操作性的战略指导，对助力辽宁省经济社会全面振兴具有重大的战略意义和积极的现实意义。

第四部分是本书的结论总结与研究启示，并提出可供进一步研究的选题和方向，主要体现在第十章。

第三节 研究贡献

本书在汲取已有研究学术营养的基础上，构建统一理论分析框架，将政策竞争、对外开放以及企业创新纳入同一框架内，研究它们之间的相互关系。从跨国公司的角度，研究是否存在政策竞争情况下最优投资决策的选择问题以及对企业创新积极性的影响。从政府的角度，探讨参与政策竞争和允许平行进口给本国和其他国家产生怎样的经济效应。进一步，从实证角度验证了地区间投资转移效应的显著性以及政策优惠在招商引资方面的作用。本书的研究既丰富了产业组织理论在国际经济问题上的应用，也深化了企业创新理论的研究和制度设计。

与现有文献相比，本书的贡献主要表现在以下几个方面：

（1）本书研究了技术落后型跨国公司的海外投资策略。近年来大量的现实案例和实证分析显示,很多跨国公司并不具有技术优势,其海外投资的目的就是获取对方的关键性技术、降低成本。很显然,跨国公司自身的客观条件与投资目的严重影响其投资决策,而这也必定会引起相关经济体的一系列反应。这是对现有的跨国公司理论分析框架的一个发展。

(2) 本书将跨国并购的交易价格内生化,研究跨国公司的并购策略及其对东道国的福利影响。研究发现,跨国公司的并购行为可能催生垄断,并且可能出现外资并购本国高效率企业会产生更高的社会福利。这是对现有跨国并购模型的一个改进,在一定程度上为许多跨国并购的案例中存在强强联合提供了合理的解释。

(3) 本书通过引入工资因素,从理论上分析平行进口政策对企业创新的影响。很多国家禁止或者限制平行进口,主要是担心平行进口会冲击本国市场进而打击本国企业的创新动力,但研究发现,尽管平行进口弱化了对生产厂商产权的保护,但平行进口带来的销售增加会降低本国企业的工资水平,节省的生产成本反而可能促进本国企业的创新活动。这不仅是对既有研究的一个改进和拓展,也为平行进口激励创新给出了一种新的合理性说明,为中国等一些国家推行平行进口业务提供了一种可能的解释。

(4) 本书在理论探讨的基础上,首次实证分析了江苏省对其他地区的投资转移效应,明确了经济环境以及政策优惠对外商在华投资的影响。采用多种估计方法对结论进行了稳健性检验,提出了相关的政策建议。

第二章　对外开放与企业创新的理论回顾

绝大多数有影响力的关于创新的理论都是特定历史条件的产物。它们的理论价值在于不仅能够对当时最为关注的社会经济现象给出合理的解释，而且还对企业的实践活动以及政府的政策制定具有很强的指导意义。这意味着，随着社会的发展，社会所需要的理论本身也必须不断地发生变化，即使是同一个问题，人们所强调的侧面也会相应地有所不同。在这个意义上，理论之间并没有优劣之分，因为它们各自都具有其特定的适用范围。本章主要回顾了创新理论的产生，并重点评述了对外开放对于企业创新影响的研究。

第一节　创新理论的产生与发展

党的十九大报告强调，要推动形成全面开放新格局，促进经济高质量发展。作为"引领发展的第一动力"，创新是中国经济崛起的重要基础，是推动中国经济高质量发展的重要途径。企业创新作为驱动中国经济增长的重要力量，一直是学者们关注的焦点。追根溯源，创新理论是伴随着经济发展和企业理论的推进而产生的，熊彼特在1912年出版的著作《经济发展理论》标志着创新理论的正式确立。在熊彼特的创新理论中，企业是创新主体，强调企业创新就是要"建立一种新的生产函数"，把这种生产函数引进生产体系中去，以实现对生产要素或生产条件的"新组合"，最终目的在于最大化潜在的利润。

熊彼特定义的"创新"概念具有双重涵义，既包含了代表生产关系变革的组织创新，也包含了代表生产力进步的产品创新和技术创新等。熊彼特的创新理论主要包含以下基本观点（朱富强，2013）：

第一，创新是生产过程中内生的。熊彼特认为，"我们所指的'发展'只是经济生活中并非从外部强加于它的，而是从内部自行发生的变化。"具体来说，不改变资本和劳动力的投入数量，产出却发生了变化，这一变化是从体系内部发生的。这一经济变化就是"创新"。

第二，创新是一种革命性变化。熊彼特认为，"恰恰就是这种'革命性'变化的发生，才是我们要涉及的问题，也就是在一种非常狭窄和正式的意义上的经济发展的问题。"这一观点强调了创新的突发性、非连续性特点，主张运用"动态"分析方法开展对经济发展的研究。

第三，创新同时意味着毁灭。熊彼特认为，"新组合并不一定要由控制创新过程所代替的生产或商业过程的同一批人去执行。"在竞争性经济中，新组合意味着对旧组合的完全替代，旧组合失去价值而毁灭。

第四，创新必须能够创造出新的价值。熊彼特认为，"只要发明还没有得到实际上的应用，那么在经济上就是不起作用的。"发明是新工具或新方法的发现，是创新的基本前提，创新是新工具或新方法的应用。强调创新必须产生出新的价值，这一思想被后续研究创新理论的学者们继承并发展，对于创新理论的深入研究具有重要意义。

第五，创新是经济发展的本质规定。熊彼特认为，"我们所意指的发展是一种特殊的现象，……，永远在改变和代替以前存在的均衡状态。我们的发展理论，只不过是对这种现象和伴随它的过程的论述。"强调发展是经济循环流转过程的中断，创新是发展的本质规定。

第六，创新的主体是"企业家"。熊彼特把"新组合"的实现称之为"企业",将以实现这种"新组合"为职业的人们称之为"企业家"。强调企业家的核心职能是执行这种"新组合",而不是经营或管理。突出了创新的特殊性,明确了创新活动的特殊价值。

在熊彼特的理论框架中,创新被细分为五种类型:产品创新,即生产一种新的产品;技术创新,即采用一种新的生产方法;市场创新,即开辟一个新的市场;资源配置创新,即获取原材料和半成品的新的来源;组织创新,即实现一种新的组织。(熊彼特,2019)。在熊彼特之后,创新理论得到了进一步的发展与完善,使有关创新的研究日益丰富和深化。本书中讨论的创新概念,主要针对于技术创新的层面。而本书围绕的重点是如何更好地利用对外开放激发企业创新活力,实现经济高质量发展。内生增长理论认为,国际贸易和国际直接投资通过知识溢出和技术扩散可以提高东道国的技术水平,从而为实现技术追赶提供可能。基于这种理论以及国家发展的需要,发展中国家纷纷实施对外开放政策,希望借此激活本国企业的创新活力,推动本国的技术进步以实现技术赶超。对外开放是否真的能够发挥激励企业创新的作用,随后本书会围绕这一问题对既有研究进行梳理与评述。

第二节 国际直接投资与企业创新

在开放经济的环境下,大多数中国企业在全球价值链中扮演着"中低端产品的加工站"角色,缺少对核心技术的掌握。从对外开放的角度拓展企业创新的空间,对于中国目前的经济发展至关重要。对外直接投资和技术创新作为经济学中的热点问题而受到学术界的广泛关注,相关的研究成果有很多。依据研究重点的不同,本书将这些研究分为三大类:首先是关于国际直接投资(FDI)的决定因素及福利效应分析,其次是关于国际直接投资政策竞争的研究,最后是关于国际直接投资对东道国企业技术进步的影响分析。

一 国际直接投资的决定因素及福利效应

在 Root（1994）看来，投资形式的选择是跨国公司进入海外市场的重要决策内容。不同的投资形式对跨国公司及其海外子公司，以及东道国的经济利益有着不同的重要影响。对跨国公司而言，跨国并购可以有效利用目标企业的现有资源，迅速掌握东道国的市场需求，但是由于信息不对称等因素的影响，跨国并购本身存在很大的风险；相反，尽管新建投资本身风险较小，但是因为语言、文化等因素对于市场营销所产生的不利影响，新建投资的后期投入较大。

投资方式是企业海外投资的一个重要决策内容。Nocke and Yeaple（2007）强调贸易壁垒对跨国公司选择对外直接投资形式的制约作用，认为当母国与东道国之间不存在显著的贸易壁垒时，跨国公司选择跨国并购，较为典型的案例就是美欧之间的相互投资；反之，当贸易壁垒较为严重时，新建投资就成为跨国公司进行海外直接投资的首选方式，南北贸易就是一个很好的例证。Brouthers and Brouthers（2000）则认为技术转移的成本越低，跨国公司越倾向于选择并购模式；反之，技术转移的成本越高，跨国公司越有动机进行新建投资。[1] 同时他们还指出母国与东道国之间的文化差异越大，投资方选择跨国并购而非新建投资的可能性越大。Norman and Motta（1993），Motta and Norman（1996）和 Neary（2002，2007）认为区域一体化会带动新建投资的增加。黄速建、刘建丽（2009）与王凤彬、杨阳（2010）探讨了中国企业海外投资方式与路径选择问题。Matto et al.（2004）比较了两种投资形式的福利效应，认为较之跨国并购，新建投资对东道国的消费者更有利。

跨国并购作为现实中的热点问题而受到学术界的广泛关注，相关的研究成果有很多。一类研究主要关注并购的动机（Head and Ries,

---

[1] 姚战琪（2006）从理论上印证了这一说法。

1997；Horn and Persson，2001；Ferrett，2003；Bertrand，2005）和决定因素（艾青、向正军，2004；Raff et al.，2005；Kendall and Ryan，2009）。Brakman et al.（2013）认为跨国并购活动是由并购双方所在国的比较优势驱动，同时强调效率和战略动机。苏敬勤、刘静（2013）以10个中国企业跨国并购案例作为研究样本，提出中国企业的并购动机主要源于获取外部知识产权、管理经验、技术、品牌和销售渠道等资源。李杰等（2011）运用 Hotelling 模型探讨了中国低端下游企业进行跨国垂直并购的决定因素。张建红、周朝鸿（2010）剖析了制约中国企业海外并购的制度因素。而东道国的投资政策、工程建设速度、经济增长率、市场需求的不确定性等也被证明严重影响跨国并购能否发生（李善民、李昶，2013）。张建红等（2010）对决定中国企业海外并购成败的因素进行了实证分析，结果表明交易双方政治和体制方面的非经济因素的干扰以及企业自身国际化水平的限制是中国企业海外收购成功率低于全球平均水平的主要原因。

一类研究关注跨国并购对利益相关者的影响。程惠芳、张孔宇（2006）持有的观点是中国企业跨国并购的财富效应在短期内比较显著，其影响因素有行业类型、东道国的宏观经济情况和并购支付方式。王海（2007）就联想并购 IBM 个人电脑业务的案例，利用资本市场的数据实证检验并购前后财务指标及市场份额变动趋势研究并购的经济后果，并提出了减少并购负面后果的政策性建议。顾露露（2011）肯定了中国企业海外并购的市场绩效，但指出民营企业的并购绩效明显高于国有企业，海外上市公司的绩效优于内地上市的公司。邵新建等（2012）探讨了中国企业进行跨国并购的战略目标与经营绩效的关系。Stiebale（2013）认为跨国并购会抑制被并购方的创新支出，而有助于激励收购方的研发活动。但基于对7个典型案例的分析，吴先明、苏志文（2014）发现中国后发企业通过技术寻求型海外并购不仅实现了技术跨越，而且推动了战略转型。针对跨国并购对东道国的福利影响问题，Kendall and Ryan（2009）给出的回答是，对东道国而言，尽管本国企业被并购会产生利润转移效应和市场挤占效应，但是外资带来的先进技术会通过低价格而惠及国民。Head and Ries（1996）认为，如果并购并没有产生成本节约效应，竞争机构可以依据并购恶化全球福利来阻止并购活动；反之，东道国政府不应以全球福利下降为由拒绝并购申请。Tingley et al.（2015）通过对1999年和2014年涉及中国收购者和美国目标之间569项交易数据的分析发现，法律障碍、经济窘迫和互惠是反对的主要理由，涉及东道国安全敏感性行业和落后产业的中国并购申请更可能遭受政治反对。

当跨国公司决定进行对外直接投资活动时，还有一个重要的战略决策，即选择投资地点。关于国际直接投资的区位选择已有大量的理论和实证研究。Hong and Chin（2007）分析了中国物流产业中外商投资区位选择的决定因素。其观点是巨大的市场需求、良好的交通基础设施和较高的劳动力素质都是吸引外商投资的积极因素，而高劳动成本则会阻碍外资的流入；物流业的进入者们倾向于选择那些物流企业聚集的城市；省会城市吸引了更多的物流业投资，但没有证据表明特定的经济区和沿海开放城市在吸引物流业投资方面有显著的优势。蒋冠宏、蒋殿春（2012）利用2003—2009年中国对95个国家的对外直接投资数据，基于投资引力模型考察了中国对外直接投资的区位选择。通过检验发现：市场、资源、战略资产和距离是中国投资区位选择的决定因素，制度因素并不重要；中国投资发展中国家是为了寻求市场和资源，而投资发达国家主要是为了寻求战略资产。与蒋冠宏、蒋殿春（2012）不同，宗芳宇等（2012）选取中国上市公司2003—2009年对外直接投资的数据，研究发现：中国上市公司更倾向于到与中国签署双边投资协定的国家投资，这是因为双边投资协定不仅能够弥补东道国制度的缺位，还能够弥补母国制度支持的不均衡性。王永钦等（2014）认为制度、税负以及资源禀赋是决定中国对外直接投资的主要因素。Basile et al.（2008）选取 1991—1999 年在欧盟 8 国 50 个地区建立子公司的 5509 家外资企业作为样本，证实了欧盟凝聚政策（Cohesion Policy）在吸引外资方面所起的积极作用。Hubert and Pain（2002）和 Breuss et al.（2003）则更为关注结构基金（Structural Funds）的设立是否促进外资的流入，前者认为结构基金的设立有助于吸引外资，后者的观点却截然相反。

在孙俊（2002）看来，优惠政策一直是中国吸引外资的最主要因素，此外产业结构、开放水平和市场化程度是造成外资地区分布不平衡的重要原因；1992 年以后，市场化程度对外资的吸引力有所增强，而开放水平的作用有所下降。祝树金、付晓燕（2008）也肯定了优惠政策对国际直接投资的吸引作用，但与孙俊（2002）的观点不同，他们认为相对于经济环境等因素，政策的影响效应较小，并呈现不断减弱的趋势；同时指出优惠政策、经济环境等因素在吸引国际直接投资方面存在时滞性和区域性差异。杨晓明等（2005）认为人均 GDP、土地成本、聚集效应、交通状况和教育水平是影响国际直接投资的主要因素，并且这些因素在长三角、珠三角、环渤海以及中西部地区的影响效应各有不同。胡博、李凌（2009）建议企业依据投资动机选择投资地点；孙俊（2002）强调了优惠政策的重要性；胡国杰等（2009）指出辽宁企业实施"走出去"战略中存在的问题；李东阳、周学仁（2010）证实对外直接投资会提高企业的长期业绩；李紫莹（2011）提醒中国企业在拉美地区投资应警惕政治风险；肖慧敏、刘辉煌（2013）认为企业特征严重影响企业的投资行为；董有德、赵星星（2014）证实自由贸易协定会抑制中国企业的对外直接投资。

此外，汇率变动（Klein and Rosengren，1994；Blonigen，1997）、贸易保护程度（Blonigen，2002）、贸易壁垒（Norman and Motta，1993）、市场规模、资本的有效税率（Devereux and Freeman，1995；Grubert and Mutti，1996；Devereux and Griffith，1998）、市场失灵和知识产权保护力度（Maskus，2000；Branstetter et al.，2007；杨全发、韩樱，2004）等反

映一国投资环境的变量都是影响国际直接投资流向的主要因素。①

但是，关于国际直接投资区位选择的相关研究几乎都忽略了跨国并购与新建投资的不同，并且主要考虑技术领先企业的新建投资行为，鲜见对于无技术优势企业海外投资的理论研究，② 也较少涉及企业兼并。然而，近年来大量的实证分析和著名案例表明，③很多跨国公司未必具有技术优势，其海外投资的目的就是获取对方的关键性资源或关键性技术（Neven and Siotis，1996）。此外，尽管他们的分析角度各有不同，但都局限于单一市场，忽略了各国和各地区关于引资政策竞争的存在，没有说明潜在东道国之间的引资竞争如何影响跨国公司的进入方式，显然，这类研究不能很好地解释现实经济中国际直接投资政策竞争与跨国公司投资决策的互动机制。

二 政策竞争与国际直接投资

跨国公司在作出投资决策之前，必定会选择多个国家或一国的多个地区作为备选的投资地点，一旦这些国家或地区具有较强的引资动机④，那么它们必然会开出各种各样的优惠条件以吸引跨国公司的投资⑤，从而

---

① Blonigen（2005）很好地总结了近些年来关于跨国公司区域选择的一些实证性文献。

② Fosfuri and Motta（1999），虽然指出低效率企业进行跨国投资的可能性，但既没有分析跨国并购问题也没有说明跨国投资对东道国企业技术创新的影响。

③ Braunerhjelm and Sevensson（1996）与 Neven and Siotis（1996）的实证结果证实了获取关键性技术是低效率企业选择在发达国家新建投资的主要原因。联想收购 IBM 的个人电脑业务、吉利收购沃尔沃就是很好的例子。

④ 虽然参与 FDI 竞争的国家在很多方面颇为不同，比如市场规模（中国和菲律宾）和发展水平（中国和美国）等等，但他们都有动机去吸引外国投资者，因为 FDI 会带来潜在的收益，包括创造就业、技术外溢和进口替代等。

⑤ 一项覆盖 83 个国家的调查显示，几乎所有的国家都使用补贴政策以吸引外国投资者（UNCTAD，1996）。

便出现了围绕国际直接投资而展开的政策竞争。

这类经济现象很快便引起了学术界的关注,人们开始思考国际直接投资政策竞争与跨国公司投资决策之间的相互作用。Haufler and Wooton（1999）、Barros and Cabral（2000）与 Ma（2010）一致认为,在没有政府介入的情况下,贸易成本的存在使得市场规模大的国家对跨国公司更具吸引力。不同的是,Haufler and Wooton（1999）认为国家之间的引资竞争不会从根本上改变跨国公司的投资决策,竞争的结果仍然是市场规模大的国家获得投资,而且东道国在自身规模优势较为突出的情况下,可对外资进行征税来增加本国的收益。Barros and Cabral（2000）认为一旦引入新的不对称因素,比如市场规模较小的国家存在失业问题,那么政策竞争就有可能改变跨国公司的选择,并且市场规模较小（大）的国家因参与引资竞争而获益（受损）。Ma（2010）设想在市场规模较小的国家中存在一家中间品生产厂商,显然对于跨国公司而言,出于节省成本的考虑,应该选择在中间品产地即市场规模较小的国家进行投资;但是在市场规模较大的国家投资可以销售更多的产品,跨国公司权衡成本节约效应与市场规模效应的强弱,以及两国政策激励的大小选择投资地点。

以上的研究都假定无论跨国公司在哪国投资,其必然会垄断两国市场,没有顾及到外资进入产生的挤占效应对东道国政策设置及其福利的影响。这点在 Fumagalli（2003）和 Bjorvatn and Eckel（2006）的模型构建中得到了很好的体现。Fumagalli（2003）假设参与国际直接投资竞争的国家各有一个企业,在竞争中获胜的国家能够获得国际直接投资的技术外溢,并且本国企业的技术水平越低,技术溢出效应就越显著。在此前提下,跨国公司会倾向于到技术水平较高的国家投资,但技术水平较低的国家愿意向跨国公司提供更多的政策支持,其结果是两个国家都有机会获得国际直接投资,并且国际直接投资的政策竞争可能会增加竞争双方的总福利。Bjorvatn and Eckel（2006）则假定只有市场较大的国家拥有一家内资企业,竞争的存在削弱了该国对外资的吸引力,从而促使跨国公司在竞争效应、市场规模效应与政策激励之间权衡取舍。更为重要的是，他们的研究较好地解释了很多国家不是单纯地对外资进行投资征税或投资补贴，而是根据投资方的特点选取恰当合意的政策措施。

不可否认，一次性补贴是很多国家吸引外商直接投资的重要手段（Black and Hoyt，1989；Haaparanta，1996；Haaland and Wooton，1999）。除此之外，增加公共设施投入（Walz and Wellisch，1996）、降低利润税（Janeba，1998）和环境税（Markusen et al.，1995；Rauscher，1995）等也常被各国所采用。Wilson（1991）认为不同的征税方式也会产生截然不同的结果：如果各国政府选取关税作为争夺国际直接投资的政策工具，那么市场规模大的国家具有较大的竞争优势；但是，倘若改为资本税，市场规模小的国家赢得投资的机会更大。

随着政府间争夺国际直接投资竞争的加剧，人们开始担心这种竞争可能会演变成一场无效率的恶性竞争，造成投资分配的市场扭曲，非但不会给竞争者带来任何正面效应，甚至可能产生资源浪费等一系列问题。这一观点得到了实证分析（Head et al.，1995；张宇、黄静，2010）和理论研究（Wilson，1986；Zodrow and Mieszkowski，1986；Haufler and Wooton，1999；Reis，2001；詹晓宁，2002；Ma，2010）的支持；但是，Barros and Cabral（2000），Fumagalli（2003）和 Bjorvatn and Eckel（2006）却不以为然，他们认为引资竞争不仅会促进国家改善其基础设施，贯彻稳定的宏观经济政策，而且会使那些原本不可能发生的国际直接投资变为可能，或者使国际直接投资重新分配，从而使其流向能够产生最大收益的地区或国家，进而提升参与国的整体福利。①Davies（2005）认为引资竞争会产生更有效率的投资分配，并不必然造成福利损失。Katz and Owen（2006）对上述争论保留折中的看法，Haufler and Wooton（2001）则建议竞争双方应进行政策协调，避免高昂

---

① Amerighi and De Feo（2008）也鼓励各国积极参与 FDI 的争夺。

的招商引资成本。Amerighi and De Feo（2008）认为法定企业税在区域间的差距越大，对外资采取优惠税率相比一次性补贴的引资竞争方式更有利于提升区域的整体福利水平。

总的来看，这些研究只是对跨国公司新建投资行为的讨论，有关另外一种重要的投资模式——跨国并购的分析却较为少见。① 然而，一轮轮的跨国并购浪潮无不警示着我们，跨国并购在企业乃至各国经济发展中的重要性。并且，无论针对哪种形式的外商投资，各国都会出台各种政策加以干预，因此在讨论政策竞争的影响时，不能只是片面地分析某一种形式的国际直接投资，而应该将跨国并购与新建投资纳入到同一分析框架中，由跨国公司择优决定。此外，学术界对于国际直接投资政策竞争究竟会损害参与国家的利益还是会缔造"双赢"的局面尚有诸多争论与分歧，各国在制定招商引资政策时也无法找到理论依据，这就必然要求深入地分析政策竞争对竞争双方整体福利水平的影响。并且，从技术差距、交易成本角度探讨跨国并购对象选择的理论研究仍不多见。

三 国际直接投资对企业创新的影响

关于国际直接投资（包括：Inward Foreign Direct Investment，IFDI 和 Outward Foreign Direct Investment，OFDI）对创新影响的研究一直都是学界热点。外资的进入，究竟是刺激了内资企业的自主创新，还是使得本国企业更加依赖外国的技术而消极创新？这在发展经济学和国际经济学的研究过程中始终是一个有争议的问题。有的学者看到了一些内资企业在外资的强大压力下被淘汰出局的事实，从而得出了"抑制论"的结论；主张外资会提高内资企业自主研发能力的"促进论"认为，

---

① 在 Albornoz et al.（1995）看来，作为新建投资的一种替代方式，跨国并购的存在削弱了新建投资的吸引力，禁止特惠贸易区（PTA）国家间的补贴竞争，在许多情况下可能会改善国民福利。此外，如果外资对东道国存在显著的溢出效应，那么国家间的争夺战将会更加激烈，进而造成更大的福利损失。

当外资与当地企业在同一市场相互竞争时，当地企业为了在竞争中不处于劣势，必然增加研发经费，以提高企业的技术水平。

鉴于相关研究并未形成一致研究结论，本节按照观点的不同对既有研究划分为三类进行梳理。第一类研究主张"促进论"，分别从不同角度证实了国际直接投资显著促进了创新。有的学者认为外资的进入对东道国的技术进步（Globerman，1979；Kemeny，2010）具有显著的促进作用；Kemeny（2010）认为国际直接投资对东道国技术进步的促进效应在那些具备较高社会能力（Social Capability）的国家更为显著，而Sembenelli and Siotis（2002）认为国际直接投资仅仅影响研发密集型行业的技术进步。外商直接投资对国内企业的创新影响取决于溢出效应和竞争效应（Lu et al.，2017）的相对大小。Cheung and Lin（2004）与Zhang（2017）分别从宏观行业和省级层面数据对上述问题进行了检验，发现溢出效应超过了竞争效应，即外商直接投资推动了国内创新水平的提升。国内的学者冼国明、严兵（2005）证实外资对中国的专利申请数量有显著的正面溢出效应，但这种溢出效应主要体现在外观设计专利。王红领等（2006）收集了中国科技开发与外资方面行业层面的面板数据，实证研究证实了外资流入对中国企业的自主创新和研发能力呈现显著的激励作用。李娟等（2017）利用2003—2012年省级面板数据，实证检验对外直接投资的逆向技术溢出效应是否提升了中国企业的创新能力，研究结果表明对外直接投资的逆向技术溢出已成为提升中国自主创新能力的重要渠道之一，支持了"促进论"的观点。

基于微观数据的研究相对较少，与早期文献中未能发现外商直接投资对产业内溢出的积极影响不同，Javorcik（2004）基于立陶宛公司层面数据的分析侧重于跨行业的效应，得出的结论是外企子公司与本地供应商之间的交易会产生溢出效应。Girma et al.（2006）重点研究了外资流入对中国国有企业研发投入的影响，结果显示两者之间存在正相关关系；毛其淋、许家云（2014）以2004—2009年企业数据为样本，采用倾向得分匹配方法系统评估了对外直接投资对中国企业创新的影响，研究发现，对外直接投资对企业创新具有显著的促进作用，并且这一作用具有持续性、逐年递增的特点，该研究为评估中国企业对外直接投资的成效提供了微观层面的经验支持；Lin and Kwan（2016）认为外商直接投资可能对中国国内企业具有正向技术溢出，提升了生产率水平。还有学者分别以中国和英国微观数据为样本，证实了同行业外资进入比例提升激励了内资企业的创新行为（Crescenzi et al.，2015；毛其淋，2019）。不同于上述研究，诸竹君等（2020）利用1998—2013年中国工业企业数据库与专利数据库构建创新质量指标，采用数据包络分析法（DEA）测算企业创新效率，研究证实外资进入提升了同行业内资企业的创新数量和效率，但降低了创新质量，其作用的大小很大程度上取决于行业技术差距、地区知识产权保护程度与技术吸收能力。此外，何欢浪等（2020）认为外资企业在产业中所占份额的增加有助于推动中国制造企业的创新，特别是提高了企业的专利数量和专利技术覆盖种类。Howell et al.（2020）针对跨国并购这一特定外商直接投资方式进行了探讨，发现跨国并购对中国企业的研发支出和专利申请都有正向的推动作用，但对于专利授予及专利质量并无显著作用。

同样是经验研究，观点却大有不同。第二类研究证实国际直接投资并未对创新有显著的促进作用。Konings（2001）认为内向国际直接投资的增加会阻碍同行业生产效率的增长，① Veugelers et al（2001）对比利时的制造业进行研究后得出，国际直接投资比重越高的行业，内资企业的创新积极性越差；② Bertrand and Zuniga（2006）对OECD国家1990—1999年的情况进行了实证分析，他们认为外资并购并没有对

---

① 一种解释是，外资通过竞争效应挤占了当地企业的市场份额，进而导致当地企业生产成本的上升（杨亚萍，2007）。

② 经验研究表明，许多发展中国家都存在此类现象（Aitken and Harrison，1999；Liu and Lin，2004；Mucchielli and Jabbour，2006）。

OECD 国家的研发投入造成显著的影响，只是刺激了某些特定行业的研发投资。Haddad and Harrison（1993）、陈国宏、郭弢（2008）以及马天毅等（2006）也表示这种促进效应并不显著。邢斐、张建华（2009）基于细分行业层面的研究为这一观点提供了佐证，发现无论从短期还是长期来看，外资进入的溢出效应都不显著。Lundin et al.（2006）认为国际直接投资之所以会影响东道国企业的研发活动，是因为外资的流入会改变东道国的市场结构。①但是最终他们发现，尽管存在这样的关联效应，国际直接投资对东道国企业的创新行为并没有明显的促进作用。基于内外资企业之间存在技术差距的假定，陈羽、邝国良（2009）同时从理论和实证方面分析了不同技术水平的内资企业的研发策略，得出的结论是，外资的进入降低了技术落后企业的创新动机，但却促进了技术领先企业的研发投入；并且技术差距越大，国际直接投资对内资企业研发投入的负面影响越强烈。Stiebale and Reize（2011）甚至发现外资流入对于东道国的自主创新活动带来了负面影响。另有文献指出国际直接投资降低了中国国内企业生产率（Lu et al., 2017）。罗伟等（2018）从企业创新行为视角的分析指出，国际直接投资降低了国内企业研发活动水平。

第三类研究认为国际直接投资对创新能力的影响需要综合考虑多种外在因素。例如：国内学者罗军、陈建国（2014）选取 2002—2012 年中国省级面板数据为样本，利用门槛模型研究了外资对中国创新能力的作用，实证研究显示外资流入对中国各省创新能力的影响存在门槛效应，取决于各省市研发资金及研发人员的投入。董有德、孟醒（2014）

---

① 关于市场结构与企业创新的讨论，请参见 Farrell and Katz（2000）和 Buehler and Schmutzler（2008）。值得一提的是，阻止进入（Ellision and Ellision, 2007；Creane and Miyagiwa, 2009）、企业串谋（Bacchiega et al., 2008）、研发竞争（Qiu, 1997；Symeonidis, 2003；Tishler and Milstein, 2009）等也是影响企业研发投入的重要因素。

强调中国企业在海外设立的不同机构产生的逆向溢出效应有显著差异，研发等机构才是逆向技术溢出的主要渠道，并且指出溢出效应表现出明显的区域差异。曾国安、马宇佳（2020）发现在引进外资的初期，中国大陆企业会变得消极创新，而到后期，外资对企业创新的影响则由负转正，进一步研究发现：外资对民营企业的创新激励作用更大；来自于发达国家的外资对企业创新具有更大的促进作用；与独资方式相比，以合资（作）方式引进外资更能激发企业创新活力；外资对高技术行业具有显著的促进作用。

总而言之，从技术溢出和创新行为视角对外资进入的微观效应研究均未得出一致结论。除了陈羽、邝国良（2009）的实证结果得到相应的理论支撑之外，上述研究都只是单纯的经验分析。关于国际直接投资是否会刺激东道国企业技术创新的理论研究甚为少见，并且目前没有学者比较引进外资与接受进口究竟哪种情况下内资企业的创新动机更强，而这正是本书所要研究的主要内容之一。在对众多此类文献进行研究和检讨的基础上发现，这些研究大多是对新建投资行为的讨论，跨国并购的分析较为少见。然而，跨国并购在企业乃至各国经济发展中的重要性不容忽视。并且，针对不同方式的国际直接投资，各国出台的政策往往有很大不同，因此在讨论跨国公司投资策略时，应该将跨国并购与新建投资纳入到同一分析框架中，由企业择优决定。更为重要的是，目前对辽宁企业向拉美、非洲等新兴地区投资的针对性研究太过缺乏，这些构成了本书的主要研究内容。

第三节 国际贸易与企业创新

改革开放四十年来，贸易开放为中国经济的高速增长作出了重要贡献。国际间的贸易往来是否能够带动本国企业的创新，学术界仍争议不断。本节将对这一领域的研究进行全面梳理：第一部分介绍贸易自由化对企业影响的相关研究,包括生产率、成本加成率、出口产品质量等;第二部分介绍传统贸易与企业创新之间关系的研究,包括进口贸易与出口贸易;第三部分聚焦平行进口贸易的政策差异及其对企业创新影响的研究。

一 贸易自由化与企业创新

贸易自由化意味着国家之间贸易壁垒的减少或消除,具体反映在贸易关税的下调和非关税壁垒的减少。在全球贸易摩擦不断的今天,深入分析贸易自由化的微观影响更具有现实价值。关于贸易自由化对企业影响的研究主要集中在以下几方面:一是贸易自由化对企业生产率的影响。Krugman(2006)发现贸易自由化会挤占本土企业的市场份额,这会导致本土企业因无法实现规模经济而生产率低下;Rodrik(1988)与Rodriguez and Rodrik(2000)也持有类似观点,他们认为与贸易保护相比,贸易自由化对本土企业的市场挤占效应会造成本土企业研发投入的减少,不利于本土企业实现技术赶超。但是,也有学者持相反的观点。比如,Amiti and Konings(2007)则认为进口竞争能够促进本土企业生产率的提升;余淼杰(2010)以1998—2002年中国制造业企业面板数据和进口数据为样本,在控制行业的进口渗透率的内生性之后,研究发现:贸易自由化显著提高了企业的生产率,并且相对于非出口企业,贸易自由化对出口企业生产率的提升作用更大;Hu and Liu(2014)则认为贸易自由化既有生产率抑制效应,又有生产率促进效应;刘啟仁、黄建忠(2016)采用中国工业企业数据,发现在初期贸易自由化抑制了存活企业的生产率的增长,但后期贸易自由化的竞争激励效应又提升了存活企业的生产率。

二是贸易自由化对企业创新的影响。Grossman and Helpman(1991)指出,在开放经济环境下,贸易自由化意味着进入更大的市场,由此产生的规模经济效应提高了创新的投资回报;同时竞争效应将促使技术领先者加快创新以避免被跟随者实现技术赶超;贸易对国内要素价格的改变影响了研发成本,也会对企业创新产生不可忽视的影响。由于大规模企业数据可获得性的提高,在实证研究方面,贸易自由化与创新关系的理论研究有了更多的现实佐证。Lileeva and Treller(2009)研究了加拿大制造企业面对美国关税削减和取消所做出的反应,证实美加签署自由贸易协议后,加拿大的原出口企业增加了出口量、进行了更多的产品创新。随着研究的深入,学者们开始关注进口中间品的贸易自由化,其中李平、姜丽(2015)将进口中间品的贸易自由化对创新的影响归结为贸易自由化激励效应、研发资本效应和人力资本激励效应,并借助国际研发溢出模型,运用1998—2012年的中国省级面板数据实证研究发现进口中间品的贸易自由化对中国的技术创新有明显的促进作用。这一观点得到了众多学者的支持(Pavenik,2002;Schor,2004;Amiti and Konings,2007)。

三是贸易自由化对企业出口产品质量的影响。从现有文献看,当前关于贸易自由化对企业出口产品质量的研究并没有达成一致的看法。其中,理论研究大都认为贸易自由化抑制出口产品质量的提升(Alchian and Allen,1972;Helble and Okubo,2008),但是实证结果却往往支持贸易自由化会提高出口产品质量,没有为理论与实证的脱节提供更多的解释。殷德生(2011)以中国入世作为考察时间节点,发现单位贸易成本的下降、出口规模的增加以及贸易伙伴国经济规模的扩大都显著地促进着中国出口产品质量的提升。Dinopoulos and Unel(2013)认为贸易自由化所带来的贸易企业数量的增加将使出口产品质量的临界值提高,但是伴随而来的运输成本或者国外市场进入成本的降低会使出口产品质量的临界值下降。Amiti and Khandelwal(2013)的研究发现对于那些接近世界前沿质量水平的出口产品,关税下调能促进其质量升级,而对于那些远低于前沿水平的出口产品,关税下调反而会阻碍其质量升级。类似的结论在中国的经验分析中得到了证实(汪建新,2014;刘晓宁、刘磊，2015）。刘晓宁、刘磊（2015）将贸易自由化对接近世界前沿的产品质量升级的积极影响称之为"规避竞争效应"，将贸易自由化对远低于世界前沿的产品质量升级的消极影响称之为"气馁效应"。黄先海、卿陶（2020）将企业创新行为内生于产品质量模型，采用中国微观企业数据分析贸易成本变化对出口产品质量影响的微观机理，发现贸易成本增加对企业出口产品质量同时存在生产率门槛效应和创新抑制效应，前者会放大在位企业的生产率优势，促进企业出口产品质量提升；而后者会削弱企业的创新水平，降低出口产品质量。

二 进出口贸易与企业创新

进出口贸易能否推动企业创新颇具争议。本书分别从进口与出口角度介绍既有的相关研究。首先对进口和企业创新的相关文献进行梳理。Grossman and Helpman（1995）指出，发展中国家可以通过中间品和资本设备进口来汲取发达国家的知识溢出。自此，进口贸易作为国际间技术转移的一条重要渠道，迅速得到了学者的普遍关注。不少学者认为，企业通过溢出效应学习和吸收进口产品中内含的先进知识和技术，节约了研发成本、提高了创新能力（李小平、朱钟棣，2006；Fritsch and Görg，2015）。随着研究的不断深入，开始有学者质疑技术扩散的外部性，Liu and Qiu（2016）认为企业会选择直接购买进口的高质量中间品而放弃自主创新。进口影响企业创新的另一条重要路径是竞争倒逼机制。进口产品的大量增加会加剧国内市场的竞争：一方面，激烈的进口竞争会挤占本土企业的市场份额，市场挤占效应会抑制企业的基础研发（Parameswara et al.，2011）；另一方面，来自进口的竞争压力被证明是一种潜在的机制，通过进口刺激企业增加研发投入（Aghion et al.，2001；Lu and Ng，2012；Bloom et al.，2016）。

随着研究的深入，学者们指出不应孤立地看待进口贸易和创新之间的关系，在无法保证进口能刺激所有企业创新活力的情况下，应该更加关注进口贸易对企业创新的异质性影响。学者们普遍认为，进口对一般贸易企业的创新活动具有显著的促进作用，但对于加工贸易企业的创新活动产生了显著的抑制作用（诸竹君等，2018；耿晔强、郑超群，2018）。Acemoglu et al.（2018）分析指出，高生产率企业因吸收低生产率企业释放的熟练劳动力而加大研发创新。李平、史亚茹（2020）借助中国工业企业数据库、企业专利数据库与海关进出口贸易数据库，构建了企业产品层面和行业层面的进口价值替代变量，对进口促进中国企业创新的异质性影响进行了系统分析。研究发现企业的生产率越高，进口对创新的促进作用越明显，且这种促进作用具有门槛效应。综上所述，进口贸易和企业创新之间存在着多重影响机制，二者的关系错综复杂，因此关于进口能否促进企业创新颇具争议。

中国对进口先进设备和关键零部件的企业给予了大量的政策支持，这引发了国内学者对于中间品和资本品的进口能否带动企业创新的思考。楚明钦、陈启斐（2013）指出中间品进口促进了中国企业的创新，但资本品因为技术复杂度高难于模仿，反而抑制了技术溢出。康志勇（2015）却有不同看法，认为中间品进口对企业创新的促进作用不显著，这是因为中间品的需求大多是出口引致的。与之类似，张杰（2015）的研究显示，中间品进口导致企业减少了专利申请，由此揭示出中国对外开放中"加工贸易困境"现象的存在。国外学者对该问题的研究要早于国内学者。Goldberg et al.（2009）指出，进口企业能够以相对较低的价格获得优质多样的中间品来提升利润空间，从而有更多的资金投入研发，这可以理解为进口带来的"规模效应"。此外，进口高技术密度的中间品会引致企业对高技能劳动力的需求，企业得以有机会参与高技能密集型活动（Crinò，2012），这可以理解为进口带来的"创新集聚效应"（陶爱萍等，2020）。但是也要注意到中间品进口所带来的"路径依赖效应"会束缚企业的研发活动（Hannink et al.，2002）。这一现象更多地发生在发展中国家在关键生产配件和先进生产设备方面对发达国家产生的进口依赖。

其次，介绍企业出口对企业创新影响的既有文献。一些学者认为，开放的经济环境有助于改善发展中国家企业面临的创新不足窘境。发展中国家企业的出口与企业创新活动有显著的相关性（Seker，2012），出口贸易可以帮助企业获得国内市场所不具备的各种知识投入（Salomom and Shaver，2005），并且为了使产品达到发达国家的出口标准，企业必须不断创新以降低成本和升级产品（巫强、刘志彪，2007）。这使得企业获得更高的利润，为再创新提供了更多的资金支持（Guan and Ma，2003）。这可以理解为出口带来的"规模效应"。一些学者认为，出口企业面临比非出口企业更为激烈的市场竞争，从而激励企业进行创新以获得竞争优势，这可以理解为出口带来的"竞争效应"。但是基于全球价值链理论的经验结果显示，发达国家为了保护本国企业不受到来自发展中国家进口的冲击，往往会实施恶性价格竞争等进入威慑措施，间接造成发展中国家出口企业的创新困境。在以中国为样本的研究中，张杰、郑文平（2017）实证分析发现，与发达国家开展的出口贸易均对中国企业尤其是民营企业的创新产生了显著的抑制效应。上述发现在一定程度上支持了中国企业遭受全球价值链俘获的假说。余淼杰（2011）也发现，中国从事出口贸易的企业的生产率往往要低于其他企业，这与 Melitz（2003）提出的异质性企业国际贸易模型结论相悖，余淼杰（2011）给出的解释是样本中存在着大量的加工贸易型企业。陶爱萍等（2020）利用工业企业数据库与海关贸易数据库的合并数据，研究发现出口对企业创新产生复杂的、不确定的影响，中间品进口依赖则不利于企业的创新活动。

综上所述，学者们对于进出口贸易对企业创新的影响的研究，因视角或样本的不同而得出不同的结论。这些研究成果对于中国全面开放新格局下贸易政策的调整以及中国企业向全球价值链高端攀升提供了必要的政策依据和决策参考。

三 平行进口贸易与企业创新

以上的理论研究与实证研究,为理解国际贸易与企业创新的关系奠定了扎实的基础,提供了可靠的理论与实证工具。但是从理论和实证分析框架的角度来看,现有的研究更多地关注一般的进出口贸易对创新的影响,平行进口贸易不同于一般的进出口贸易,具有其特殊性和重要性。平行进口(Parallel Imports or Parallel Trade)又称为灰色市场进口,它是指原产于一个国家或地区的某种产品未经原生产厂商授权而被卖到其他市场中去的行为。从形式上讲,平行进口既可以是从事平行进口的中间商把产品返销回原生产厂商所在的国家或地区,也可以是平行进口商把产品销售到第三个国家。事实上,世界各国对平行进口的合法性也有很大分歧①,其根本原因就在于知识产权"权利穷竭"原则与"地域性"原则的冲突。

平行进口是世界范围内存在争议的问题,由于平行进口问题的复杂性,几十年来,经济学家对于是否应该禁止平行进口也是争论不断。苏慧清等(2016)指出当发达国家市场规模小于发展中国家市场规模,发展中国家可以考虑允许来自发达国家的平行进口。李长英(2005)则提出针对不同形式的平行进口问题应区别对待,而不是一味地禁止。持有相似观点的研究还有 Valletti(2006)。然而,Danzon(2003)研究发现平行进口会严重损害低收入国家的社会福利,进一步加剧国家间的贫富差距。但从提高全球福利的角度,Bicen and Gudigantala(2014)认为有相似需求特征的地区间应该实行平行进口。还有一些学者探讨了平行贸易对企业利润、贸易国家的消费者福利等方面的影响,但都未达成一致的看法,甚至观点截然相反(Roy and Saggi,2012;Maskus and

---

① 允许平行进口的国家、地区有英国、澳大利亚、日本、新加坡、欧盟(仅限成员国之间)等;但也有很多国家禁止平行进口,如美国、韩国、法国。

Stähler，2014；Matteucci and Reverberi，2014；Dubois and Sæthre，2018）。现实中很多国家和生产厂商并不限制甚至鼓励平行进口行为（Lipner，1990）。Mukherjee and Zhao（2012）给出的解释是在存在工会组织的市场上，平行进口会迫使工会降低工人的工资，这种工资削减效应加之需求扩大效应，有时会超过平行进口商的产品返销行为对生产厂商的利润侵蚀效应，从而有平行进口增加生产厂商盈利的可能。

平行进口属于"灰色"进口，各国关于平行进口的数据记录稀少且难以获取，因此有关平行进口的实证研究数量极少。其中 Ganslandt and Maskus（2004）从药品价格、制造商定价两个角度剖析了瑞典药品平行进口对其药品市场的影响；在此基础上，余翔、武蓝芬（2007）又进一步研究了瑞典药品平行进口对药品研发和人均医药消费支出的影响。

相关的理论研究虽然较为丰富，但关于平行进口行为是否会阻碍创新这一核心问题仍未取得一致看法。传统的观点认为，平行进口弱化了对生产厂商知识产权的保护，损害了生产厂商的利益（Richardson，2002；Maskus and Chen，2004），进而抑制了生产厂商从事研究与开发活动的积极性。这一观点得到了众多学者的支持，例如 Barfield and Groombridge（1998）认为排除平行进口会增加版权拥有者的研发回报；① Maskus（2000）认为平行进口会削弱原生产厂商赚取投资回报的能力；Li and Maskus（2006）首次运用纵向定价模型来分析平行进口与生产厂商研发之间的关系，证实在垄断条件下，平行进口对降低生产成本的研发活动有明显的抑制作用。然而，Li and Maskus（2006）的单一生产厂商模型排除了来自其他生产厂商的竞争，NERA（1999）认为一旦考虑这种竞争的存在，生产厂商往往不会削减研发投入，为此 Li

---

① 持有相同看法的还有 Duhan and Sheffet（1988）、Chard and Mellor（1989）以及 Danzon and Towse（2003）等。

(2006)构建双生产者模型,进而分析生产厂商之间的竞争与平行进口对研发动机的影响,研究表明平行进口对降低成本的研发活动可能起到促进作用。李长英(2004)讨论了新旧产品的平行进口问题,同样发现创新产品的平行进口反而会提高生产厂商开发新产品的积极性。

与平行贸易的复杂性和重要性相比,相关研究显得远远滞后。并且又常常缺乏对企业创新的研究,忽视平行进口所带来的规模经济对企业创新的带动作用,缺乏对现实问题的解释和指导。

为此,考虑到平行进口活动比较活跃的国家往往存在工会组织,本书在 Li and Maskus(2006)研究的基础上,引入工资因素,在垄断条件下重新探讨平行进口对于生产厂商降低产品成本研发活动的影响。试图对平行进口增加生产厂商研发投入给出一种新的合理性说明,这不同于 Li(2006)的竞争因素,是对现有理论框架的一个改进。

第三章 技术占优型跨国公司投资策略与东道国企业创新

对外直接投资是企业开拓国际市场的重要手段，主要有两种形式：新建投资和跨国并购。比如，空中客车公司2006年10月决定在天津设立空客A320中国总装厂，① 英特尔公司于2007年3月在大连投资25亿美元建立12英寸晶圆生产工厂。② 2006年法国SEB公司收购苏泊尔，2007年全球最大钢铁制造商阿塞洛-米塔尔出资约17亿美元收购中国东方集团73%的股权，2008年8月英特尔收购加拿大软件开发商RapidMind，2009年百思买全资控股五星电器，2009年11月佳能公司计划斥资7.3亿欧元收购荷兰生产商Oce，③ 2017年6月，中国化工集团公司宣布以430亿美元收购瑞士农业化学和种子公司先正达，创下中

---

① 孙志民：《空客就在天津建A320客机组装厂与中国达成协议》，http://www.china.com.cn/txt/2006-10/26/content_7280176.htm，2006年10月26日。

② 王莹、白旭：《英特尔投资25亿美元在大连建晶圆厂》，http://www.china.com.cn/news/txt/2007-03/26/content_8013890.htm，2007年3月26日。

③ 更多的跨国并购案例参见中国并购交易网。

第三章 技术占优型跨国公司投资策略与东道国企业创新

企海外单笔收购金额最高纪录。①

企业的跨国并购不仅会转移东道国企业的利润,而且会通过购买、闲置目标企业的品牌,自然"消除"有力的竞争对手,这极易触动当地居民敏感的情怀,因而跨国并购时常会成为人们关注的焦点。例如,2008年9月3日,可口可乐公司宣布计划以现金收购中国汇源公司,此消息一经披露,在中国立即引起轩然大波。② 相反,因为跨国公司的新建投资行为不会蚕食地方品牌,并且创造新的就业机会,所以一般不会引起当地居民和政府的反感。

跨国公司的投资形式不仅关系着其自身的利益,而且也影响东道国企业的创新行为,从而更深层次地影响着东道国以及相关国家的利益。然而,东道国也并非只是被动接受跨国公司投资所产生的影响,各国政府将会根据其获得投资后的利弊得失对其境内的跨国公司进行投资补贴或投资征税,这就是关于政策竞争所讨论的范畴。

为了分析以上问题,本章建立了一个由两个国家组成的经济学模型,分别分析了在是否存在政策竞争以及低效率企业是否进行研发条件下,跨国公司的投资选择及东道国的内生投资政策,并且探讨了跨国公司的决策对于东道国企业技术创新以及政策竞争对于社会福利产生的影响。经典的理论认为跨国公司一般具有先进的技术或管理经验,这一章我们集中讨论典型的具有技术优势的跨国公司的对外投资,其战略目标是以国际市场为导向,实现全球利润最大化。此处暂不考虑以获取技术为战略目的的跨国公司。

---

① 中国化工报社:《全球最大农化集团先正达成立》,http://www.ccin.com.cn/detail/263430,2020年6月22日。

② 李文华、祝俊初:《可口可乐欲"吞"汇源果汁 中国网民八成不赞同》,http:finance.cctv.com/20080908/100578.shtml,2008年9月8日。

第一节　政策竞争与跨国公司投资策略

一　无政策干预的情况

考虑两个不同的国家：国家 A 和国家 B，国家 A 有企业 A1 和企业 A2，它们生产相同的产品但是效率不同。企业 A1 的效率较高，假设其边际成本为零；① 企业 A2 的效率较低，其边际成本为 $c\in(0,1/3)$，这里 c 的大小反映了两个企业的效率差异。国家 B 比较落后，没有本土企业。② 一个与企业 A1 具有相同生产效率的跨国公司 M 决定到国家 A 或国家 B 投资，如果它在 A 国投资，我们假定由于语言、文化以及信息等因素，跨国公司或者并购 A1 或者并购 A2；如果它在 B 国投资，那么只能新建投资。无论跨国公司在哪国投资，都会将产品出口到另一国家（Haufler and Wooton，1999）。此外，考虑到跨国投资成本很大，跨国公司不能够在两国同时投资。

本书的目的是分析政策竞争对于跨国公司投资决策，以及跨国公司的投资决策对于东道国企业创新的影响，所以，为了简化数学分析，我们假设跨国公司在两国投资的固定成本相同。与新建投资相比，虽然跨国并购可以有效利用目标企业的现有资源，迅速掌握东道国的市场需求，但是由于信息不对称等因素的影响，跨国并购本身就存在很大的风险，据统计，跨国并购成功的概率仅仅是 20% 左右。③ 相反，尽管新建投资本身风险较小，但是因为语言、文化等因素对于市场营销所产生的

---

① 这里的零成本假设只是为了简化数学分析，如果改变这个假设，我们的结论不会改变。

② 如果所讨论的产品是一种高科技产品，这个假设的含义就不言而喻了。

③ 周英峰、樊曦：《全球智库峰会北京举行，聚焦危机下跨国并购》，http://news.eastday.com/w/20090704/u1a4481787.html，2009 年 7 月 4 日。

第三章 技术占优型跨国公司投资策略与东道国企业创新

不利影响，新建投资的后期投入较大。考虑到现实中跨国并购与新建投资各有利弊，为了避免陷于该方面的争论，我们假设跨国并购与新建投资的成本相同。①不失一般性，设定这些成本为零，这就意味着跨国公司的区位选择只是取决于其在两国市场上的销售利润以及地方政府的政策激励。

企业将产品出口到另一国家需要支付单位成本 t，$t \in (0, \min\{(1+c)/3, (1-3c)/2\})$。由于贸易成本的存在，不难想象，两个国家的相对市场大小将会严重影响跨国公司的区位选择，但是，为了集中分析政策竞争、跨国公司的投资选择与企业创新之间的关系，我们假定 A、B 两国的市场大小相同，并且两个国家的市场反需求函数均为简单的线性形式，$p_k = 1 - Q_k$，$k = A, B$。其中，p_k 为国家 k 的市场价格，Q_k 为国家 k 的市场需求量。在本部分，我们暂不考虑企业 A2 的研发行为。模型的博弈时序是：跨国公司先决定其投资区位与投资形式，然后，所有企业在两个国家直接或通过出口进行产量竞争。下面，我们依次讨论跨国公司三种可能的投资选择，并采用倒推法（Backward Induction）来求解问题的均衡。

首先，如果跨国公司 M 并购企业 A1，那么在市场上只存在两个企业，即跨国公司和企业 A2，对应的利润函数分别为

$$\pi_M^{A1} = p_A x_A + (p_B - t) x_B \tag{3.1}$$

$$\pi_{A2}^{A1} = (p_A - c) y_A + (p_B - c - t) y_B \tag{3.2}$$

容易求得企业的利润

$$\pi_M^{A1} = \frac{(1+c)^2}{9} + \frac{(1+c-t)^2}{9} \tag{3.3}$$

$$\pi_{A2}^{A1} = \frac{(1-2c)^2}{9} + \frac{(1-2c-t)^2}{9} \tag{3.4}$$

---

① 如果假设跨国公司在两国投资的固定成本不同，只要固定成本的差异不是太大，结论应该依旧成立。

企业的利润由两部分组成，第一部分是在国家 A 获得的利润，第二部分是将产品出口到国家 B 所得到的收益，就是说，参与市场竞争的企业在两个独立的市场上同时竞争，按照利润最大化原则决定产品的销售量。

此时，两国的消费者剩余与社会福利

$$CS_A^{A1} = \frac{1}{18}(2-c)^2 \tag{3.5}$$

$$W_A^{A1} = \frac{1}{18}[2(4-c+t^2)-4t(1-2c)+17c^2] \tag{3.6}$$

$$W_B^{A1} = CS_B^{A1} = \frac{1}{18}(2-2t-c)^2 \tag{3.7}$$

其次，如果跨国公司并购企业 A2，那么并购后跨国公司与企业 A2 形成了一个企业，该企业运用跨国公司的技术，因而其边际成本为零。效仿前文的求解思路，求得均衡条件下企业的利润、两国的消费者剩余及社会福利

$$\pi_{A1}^{A2} = \pi_M^{A2} = \frac{1}{9} + \frac{(1-t)^2}{9} \tag{3.8}$$

$$CS_A^{A2} = \frac{2}{9} \tag{3.9}$$

$$W_A^{A2} = \frac{1}{9}(4-2t+t^2) \tag{3.10}$$

$$W_B^{A2} = CS_B^{A2} = \frac{2}{9}(1-t)^2 \tag{3.11}$$

很显然，相对于并购企业 A1 而言，跨国公司并购企业 A2 提高了并购后的企业效率，加剧了市场竞争，提高了消费者的收益。但是，市场竞争的加剧严重影响着跨国公司的利润，从而反过来影响着其并购对象的选择。由于并购企业 A1 可以消除高效率企业，从而与一个低效率企业进行竞争，这样可以赚取更高的利润。所以，跨国公司一定会并购企业 A1。虽然这个结论非常直观，但是，这里的分析也解释了为什么

跨国公司总是喜欢并购行业中的"龙头"企业,可口可乐公司试图并购汇源公司的事件就是很好的例证。

最后,还有一种可能是跨国公司在 B 国新建投资,此时,市场中有三个企业,相应的利润函数依次为

$$\pi_{A1}^B = p_A x_A + (p_B - t) x_B \qquad (3.12)$$

$$\pi_{A2}^B = (p_A - c) y_A + (p_B - c - t) y_B \qquad (3.13)$$

$$\pi_M^B = (p_A - t) z_A + p_B z_B \qquad (3.14)$$

求解得到各个企业的利润分别是

$$\pi_{A1}^B = \frac{(1+t+c)^2}{16} + \frac{(1-2t+c)^2}{16} \qquad (3.15)$$

$$\pi_{A2}^B = \frac{(1+t-3c)^2}{16} + \frac{(1-2t-3c)^2}{16} \qquad (3.16)$$

$$\pi_M^B = \frac{(1-3t+c)^2}{16} + \frac{(1+2t+c)^2}{16} \qquad (3.17)$$

两个国家的消费者剩余及社会福利分别为

$$CS_A^B = \frac{1}{32}(3-t-c)^2 \qquad (3.18)$$

$$W_A^B = \frac{1}{32}\left[17 - 22c + 21t^2 - 2t(7-5c) + 41c^2\right] \qquad (3.19)$$

$$W_B^B = CS_B^B = \frac{1}{32}(3-2t-c)^2 \qquad (3.20)$$

如果两国对流入本国的外资都采取不干预措施,那么跨国公司的投资选择只取决于哪种投资方式为其创造的收益较高。如前所述,假如跨国公司在 A 国投资,那么它决不并购效率较低的企业 A2,所以跨国公司只能在并购企业 A1 与在 B 国新建投资之间做出选择。比较两种情况下的利润

$$\pi_M^{A1} - \pi_M^B = \frac{1}{144}\left[14(1+c)(1+c-t) - 101t^2\right] \qquad (3.21)$$

我们得到以下结论:

命题 3.1：当 $c<c^*$ 且 $t>t^*$ 时，跨国公司选择在 B 国新建投资；当 $c<c^*$ 且 $t<t^*$ 或者 $c>c^*$ 时，跨国公司将会并购企业 A1。①

这是因为，如果没有针对外资的政策，跨国公司的投资选择只受两个方面的影响：第一，市场竞争程度；第二，其决策后的贸易成本大小。相对于投资 A 国且并购 A1 而言，当跨国公司投资于 B 国时，市场上存在着三个企业，跨国公司的贸易量较小，② 因此，投资 B 国可以节省贸易成本。但是，投资于 A 国可以并购一个高效率企业从而缓解市场竞争，并且当低效率的企业越低效时，投资于 A 国的利润就越大，跨国并购的动机就越强。③ 当出口的单位运输成本很高时（$t>t^*$），为了节省贸易成本，跨国公司希望在 B 国新建投资。然而，当出口的单位运输成本较小（$t<t^*$）或者是企业 A2 非常低效时（$c>c^*$），跨国公司则偏向于在 A 国投资并且并购企业 A1。

随着各国经济贸易的日益增多，吸引跨国投资成为各国拉动经济增长的重要手段之一。但是，外企的进入会对东道国的本土企业带来冲击，蚕食当地企业的市场份额，这不免引起人们对于外资流入恶化本国福利的担忧。所以，我们有必要分析跨国投资所产生的福利效应。为此，我们沿用 Bjorvatn and Eckel（2006）的做法作如下定义：

定义 3.1：东道国从吸纳跨国公司投资中获得的净收益是 $w_i = W_k^i - W_k^j$，$i, j = A1, A2, B$，$i \neq j$。

借助前面的分析结果，我们计算得到

$$W_A^{A1} - W_A^B = \frac{1}{288}[62t - 157t^2 - 25 - 2(61-19t)c - 97c^2] < 0 \quad (3.22)$$

$$W_B^B - W_B^{A1} = \frac{1}{288}(1+2t+c)(17-14t-7c) > 0 \quad (3.23)$$

---

① 关于本章参数的具体取值、引入企业创新模型的推导过程请参见附录 A。
② 跨国公司在 B 国建厂时的出口量 $(1-3t+c)/4$ 少于其并购 A1 时的出口量 $(1-t+c)/3$。
③ $\partial t^*/\partial c > 0$。

第三章　技术占优型跨国公司投资策略与东道国企业创新

命题 3.2：在不存在政策干预的情况下，跨国公司在 A 国投资会使国家 A 福利受损；但是，跨国公司在 B 国投资却使国家 B 从中受益。

命题 3.2 可以部分地解释，相对于新建投资，为什么许多国家对于跨国并购的审批更为谨慎。当跨国公司投资 A 国时，企业并购以及跨国公司的"国外"属性将会产生利润转移效应，这种效应使得 A 国福利受损。但是，因为 B 国没有本土企业，所以，当跨国公司投资 B 国时不会产生利润转移效应，并且激烈的市场竞争使 B 国的消费者收益达到最大，因而 B 国从中获益。

二　存在政策竞争的情况

在这一部分，我们分析在政策竞争条件下，跨国公司的区位选择、国家政策以及政策竞争所产生的福利效应等问题。问题的博弈时序则变为：首先，为了获得或限制外资的流入，A、B 两国确定其最优的投资政策以及投资补贴或投资征税的数量；其次，跨国公司选择其投资区位以及投资方式；最后各个企业根据利润最大化原则在两国市场上进行竞争。

这里的政策竞争是指一个国家为了吸引外资所做的最大可能的让步，最终的均衡政策通过 A、B 两国相互竞价而内生决定。定义 3.1 给出了一个国家从得到国际直接投资中获得的收益 w_i，这也正是该国为了吸引外资所愿意提供的最大优惠。因此，跨国公司在该国投资所能够获得的最大收益是 $\pi_i^{max} = \pi_M^i + w_i$。为了吸引外资，该国的最小补贴（或最大税收）是 $s_i^{min} = \pi_j^{max} - \pi_m^i$。然而，一个国家是否有动机参与竞争还取决于其获胜后的收益 w_i 能否超过其开支 s_i^{min}。也就是说，如果 $w_i > s_i^{min}$，该国获得投资；否则，另一个国家将赢得投资。需要说明的是，最终的均衡结果既保证了东道国有正的净收益，也意味着跨国公司获得了最大可能的利益。为了研究政策竞争的福利效应，我们作如下定义：

定义 3.2：在政策竞争情形下，东道国从获得国际直接投资中赚取

的净收益是 $w_i - s_i^{\min}$，全球社会总福利的增量为 $w_i - w_j + \pi_M^i - \pi_M^j = w_i - s_i^{\min}$，$i, j = A1, A2, B, i \neq j$。

因为

$$w_{A1} - s_{A1}^{\min} = \frac{1}{288}\left[14t - 14 - 331t^2 - 38(2-t)c - 62c^2\right] < 0 \quad (3.24)$$

这意味着跨国公司并购企业 A1 会给 A 国造成负的净收益，所以，在政策竞争条件下，A 国政府必将借助政策手段以阻止跨国公司并购其高效率企业。这个结论具有很强的现实意义，现实生活中，人们总是担心本国的优质品牌会被外企所收购，但是，政府的政策干预常会使得外企并购无利可图。考虑到政府干预的普遍性，人们的这种担心至少在某种程度上变得有些多余。这说明在政策竞争的情况下，跨国公司只能在并购企业 A2 与投资 B 国之间进行选择。由于

$$w_B - s_B^{\min} = -(w_{A2} - s_{A2}^{\min}) = \frac{1}{288}\left[14 + 331t^2 - 14t - 90(2-t)c + 414c^2\right] \quad (3.25)$$

求解 $w_{A2} = s_{A2}^{\min}$ 得到 t_1 和 t_2。

命题 3.3：在政策竞争情况下，当 $c < c_1$，或者 $c_1 < c < 0.10$ 且 $t < t_1$，或者 $c_1 < c < 0.26$ 且 $t > t_2$ 时，$w_B > s_B^{\min}$，跨国公司在 B 国投资。但是，当 $c_1 < c < 0.10$ 且 $t_1 < t < t_2$，或者 $0.10 < c < 0.26$ 且 $t < t_2$，或者 $c > 0.26$ 时，$w_{A2} > s_{A2}^{\min}$，跨国公司并购企业 A2。无论国际直接投资流向何处，东道国总会从中受益，全球社会总福利也会改善。

很多人（包括某些学者及普通大众）对于各个国家争相吸引外资颇有异议，一种观点认为，给外资企业所提供的诸多优惠条件会减少东道国的引资收益，并进而损害东道国的利益。但是，命题 3.3 表明，只要一个国家愿意吸引外资，那么它一定会从获得这些外资中受益。我们借助图 3-1 来剖析命题 3.3 的其他结论。

图 3-1 给出了有、无政策竞争情形下跨国公司的投资策略，其中，上标 NC 和 C 分别表示没有政策竞争和存在政策竞争的情况，比如 $A1^{NC}$ 表示在没有政策竞争条件下跨国公司选择兼并企业 A1。结合 c 和 t 的可

第三章 技术占优型跨国公司投资策略与东道国企业创新

能取值,可以分成三个区域:在区域Ⅰ内,国家之间的贸易成本较高,企业间的成本差距较小,在 B 国投资可以大幅度节省贸易成本,从而获得高额收益,因此,无论是否存在政策竞争,跨国公司都会在国家 B 新建投资。在区域Ⅱ内,出口的单位运输成本相对较小,如果没有政策竞争,兼并企业 A1 可以缓和市场竞争,有利于投资利润最大化,因此,跨国公司将会并购 A1;但是,如果存在政策竞争,B 国政府给出的投资激励措施对于跨国公司更具吸引力,所以跨国公司必定在 B 国新建投资。在区域Ⅲ内,出口的贸易成本很小,无论是否存在政策竞争,跨国公司都会在 A 国投资,只不过在政策竞争条件下,并购低效率企业 A2;而在没有政策竞争时,并购高效率企业 A1。

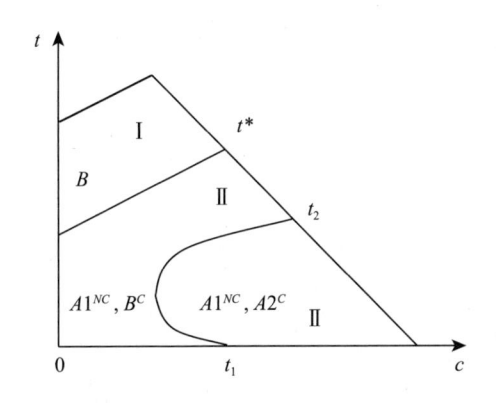

图 3-1 技术占优型跨国公司的投资策略

推论 3.1:政策竞争增加了跨国公司在国家 B 的投资动机。

这个推论既可以从 $t^* - t_2 > 0$ 中得到证明,也可以从图 3-1 中直接看出。因为国家 A 存在本土企业,吸引国际直接投资势必会产生利润转移效应,所以 A 国政府的引资动力相对较弱。然而,由于国家 B 没有本地企业,故其只关心本国的消费者利益,所以 B 国政府更有动机吸引外资。

接下来,我们再分析东道国的最优政策设置。命题 3.3 显示,对于国家 A 而言,只有当跨国公司并购企业 A2 时,它才有动机参与引资竞争,因此,我们只分析针对这一跨国并购行为的投资政策。相应地,我们也对国家 B 对跨国公司在本国新建投资的政策制定给予必要的分析。

推论 3.2:A、B 两国的均衡政策既可能是投资补贴也可能是投资征税。

推论 3.2 的证明如下:

(1) 根据定义计算得到 $s_{A2}^{\min} = \dfrac{1}{288}(48t - 11 + 174t^2 + 18c + 45c^2)$,很显然,$s_{A2}^{\min}$ 是运输成本 t 的凸函数。经过必要的推算分析可得:当 $c_1 < c < 0.10$ 且 $t_1 < t < t_2$,或者 $0.10 < c < 0.26$ 且 $t < t_2$,或者 $c > 0.26$ 且 $t < t_3$ 时,$s_{A2}^{\min} < 0$,国家 A 将对跨国并购行为征税。但是,当 $c > 0.26$ 且 $t > t_3$ 时,$s_{A2}^{\min} > 0$,国家 A 将采取补贴政策吸引外资。

(2) 同理,根据 $s_B^{\min} = \dfrac{1}{288}[3 - 405c^2 + 34t - 359t^2 + 18c(7 - 3t)]$ 可以得到,当 $c < c_2$ 且 $t > t_4$ 时,$s_B^{\min} < 0$,国家 B 将对跨国公司在本国投资征税;当 $c < c_1$ 且 $t < t_4$,或者 $c_1 < c < 0.10$ 且 $t < t_1$,或者 $c_1 < c < c_2$ 且 $t_2 < t < t_4$,或者 $c_2 < c < 0.26$ 且 $t > t_2$ 时,$s_B^{\min} > 0$,国家 B 都将采取补贴措施吸引外资。

图 3-2 给出了政策竞争情形下跨国公司的投资决策以及两个国家的均衡政策,下标 S 表示补贴,下标 T 表示征税。在区域Ⅳ内,国家 A 的两个企业成本差距很大、国家间的贸易成本较高,此时国家 A 会采用补贴方式吸引跨国公司并购其高成本企业,以此加大本国的市场竞争力度、提高本国的消费者福利,并且获得正的净收益;在区域Ⅴ内,国家 A 则选择投资征税来弥补利润转移所带来的福利损失。在区域Ⅵ内,国家 B 会对跨国公司在本国投资进行征税。此时,国家 A 的两个企业成本差距较小,并且国家之间的贸易成本很高。一方面,A 国企业之间效率差异的变小减弱了 A 国政府吸引外企的动力;另一方面,高昂的贸易成本削弱了 B 国市场的竞争,并进而降低了 B 国政府获取外资后的收益。这两方面的因素促使 B 国政府对于跨国公司实施征税。但是,在区域Ⅶ内,国家 B 则对跨国公司进行投资补贴。因为此时国家间的贸易

成本较低，对 B 国而言，吸引投资比接收进口获取的收益更多，所以 B 国政府会对外资进行补贴。

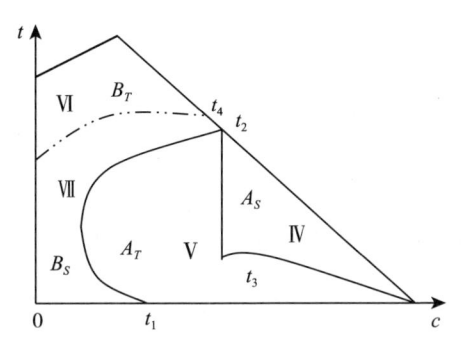

图 3-2　政策竞争下技术占优型跨国公司的投资策略与各国的引资政策

总之，国家 A 较倾向于对跨国公司的企业并购行为实行征税，但是，如果企业 A2 的效率很低并且贸易成本很高，那么 A 国政府会采取补贴政策以诱导跨国公司并购企业 A2。然而，国家 B 则更倾向于对跨国公司在本国新建投资进行补贴，只有在企业 A2 的成本较低且贸易成本很高的情形下才会采取投资征税。

三　仅一国进行政策干预的情况

前面我们给出了针对外资进入，两国都不进行政策干预以及存在政策竞争两种极端情形下，跨国公司的投资选择。显然，这忽略了现实中一些国家出台诸多招商引资政策的同时，还有一部分国家却对外资进入并没有给予太多的关注。因此，在这部分，我们要着重分析在只有一国采取引资政策前提下，跨国公司的区位选择、国家政策以及所产生的福利效应等问题。问题的博弈时序则变为：首先，为了争取获得国际直接投资，A 国或 B 国确定其最优的引资政策以及投资补贴或投资征税的数量；其次，跨国公司进行投资决策；最后各个企业在两国市场上进行产量竞争。

如果东道国采取积极政策左右跨国公司的投资选择，则跨国公司在该国投资所能够获得的最大收益是 $\pi_i^{\max}=\pi_M^i+w_i$，为了赢得外商投资，该国的最小补贴（或最大税收）是 $s_i^{\min}=\pi_j^{\max}-\pi_M^i$。然而，如果东道国被动地接受跨国公司的投资，则跨国公司的收益即为其在该国的销售利润 $\pi_j^{\max}=\pi_M^j$。跨国公司投资方式的选择取决于其在三种投资策略下获取收益的大小。

（一）A 国采取引资政策、B 国政府不干预

基于前面的分析结果，易知 $\pi_A^{\max}-\pi_M^B=w_A+\pi_M^A-\pi_M^B$。由于 $\pi_{A2}^{\max}>\pi_{A1}^{\max}$，所以跨国公司一定不会并购企业 A1，将在并购企业 A2 与投资 B 国之间进行选择。根据

$$\pi_{A2}^{\max}-\pi_M^B=\frac{1}{288}\left[3-405c^2+34t-359t^2+18c\left(7-3t\right)\right] \quad (3.26)$$

求解 $\pi_{A2}^{\max}=\pi_M^B$ 得 t_4。

命题 3.4：当 $c<c_2$ 且 $t>t_4$ 时，$\pi_{A2}^{\max}<\pi_M^B$，跨国公司在 B 国投资。但是，当 $c<c_2$ 且 $t<t_4$，或者 $c>c_2$ 时，$\pi_{A2}^{\max}>\pi_M^B$，跨国公司并购企业 A2。

图 3-3 给出了在 A 国采取积极的引资政策情形下，跨国公司的投资选择。B 表示投资于 B 国，A2 表示并购企业 A2。由于企业 A1 的生产效率较高，倘若企业 A1 被外资并购，A 国将会遭受很大的损失，因此，A 国政府必定通过提供不同的外资政策诱使跨国公司放弃并购其高效率企业、只在并购低效率企业与在另一国投资之间进行抉择。在基本模型中，我们曾提到如果两国都不提供政策激励，那么跨国公司一定不会并购低效率企业，显然，A 国积极的引资政策改变了跨国公司的选择，使得并购低效率企业成为其最佳的选择之一。这个结论说明，尽管外企有很强的动机并购东道国的优质企业，但是当地政府的介入往往使得外企为了避免高额的支出不得不放弃该并购计划，从而也就消除了人们对本国优质企业会被外资收购的担心。

下面我们就来剖析左右跨国公司区位投资的主要因素。当只有 A 国政府采取行动时，跨国公司的投资选择取决于三个因素：第一，市场

竞争程度；第二，承担的贸易成本；第三，A 国的引资政策。对跨国公司而言，尽管 B 国政府相对比较保守，没有出台任何优惠政策，但是由于该国没有本土企业，投资于此不会直接面对强有力的竞争对手，尤其在贸易成本很高的情况下，跨国公司近乎垄断 B 国市场，并且投资于 B 国可以节省大量贸易成本。但是，投资于 A 国可以避免引入第三家企业，从而缓解市场竞争，并且当目标企业越低效时，A 国的引资热情越大，提供的优惠条件越有吸引力，跨国公司投资于 A 国的收益就越大，跨国并购的动机就越强。若单位运输成本很高（$t>t_4$），跨国公司倾向于节省贸易成本，此时其最优的选择是在 B 国投资。然而，当单位运输成本较小（$t<t_4$）或者目标企业 A2 极为低效时（$c>c_2$），后两个因素起主要作用，跨国公司将在 A 国投资、并购企业 A2。

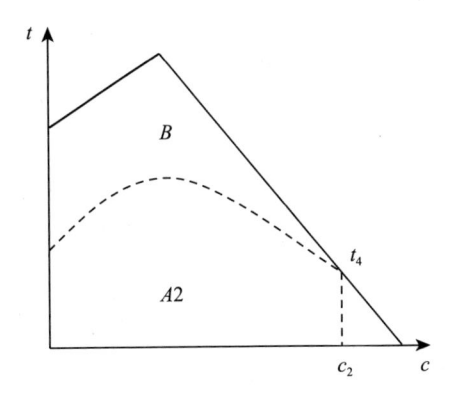

图 3-3　仅 A 国进行政策干预情况下技术占优型跨国公司的投资策略

随着各国经济贸易的日益增强，吸引跨国投资成为各国拉动经济增长的很重要的手段之一。但是，外资的流入会对东道国的本土企业带来冲击，蚕食当地企业的市场份额，这引起了民众乃至学者的极大关注，甚至有人呼吁政府不仅不应为外资提供诸多优惠条件，反而应该减少外资的引进。为此，我们有必要从理论上来探讨究竟外资流入会给东道国创造更多的收益，还是正如人们所担心的会恶化国民的福利。

借助前面对政策的说明，我们很容易得到 A 国的引资净收益为

$w_{A2}-s_{A2}^{min}$，B 国的净收益为 w_B，具体的结果如下所示

$$w_{A2}-s_{A2}^{min}=\pi_{A2}^{max}-\pi_M^B>0 \quad (3.27)$$

$$w_B=W_B^B-W_B^{A2}=\frac{1}{288}(1-3c+2t)(17-3c-14t)>0 \quad (3.28)$$

命题 3.5：无论跨国公司在哪国投资，该国都会从中受益。

相对于跨国公司通过产品出口进入 B 国市场来讲，跨国公司直接投资于 B 国会引入第三家企业，企业间的竞争因此而加剧，此时 B 国的消费者收益达到最大，因为 B 国没有本土企业，所以外资的进入并不产生利润转移效应，因而 B 国从中获益。当跨国公司投资 A 国时，本土企业被并购必然会产生利润转移效应，但是，A 国政府运用政策激励在成功引进外资的同时，提高了本国的福利。然而，如果 A 国不采取积极的引资政策，那么其必然因外资的流入而受损。① 对 A 国而言，政策的引入不仅阻止本国优质企业被外资并购，而且利用外资为本国创造了更多的收益。

我们已经分析了跨国公司的投资选择及福利效应，接下来我们再深入地讨论 A 国的引资政策。根据前面已经给出的说明，A 国的政策用 $s_i^{min}=\pi_j^{max}-\pi_M^i$ 量化。由于 A 国的政策导向是诱使跨国公司放弃并购本国高效率企业，因此我们只需探讨 A 国针对跨国公司并购其低效率企业的政策情况。根据

$$s_{A2}^{min}=\frac{1}{144}[14t+101t^2-14+18c(2+c-t)] \quad (3.29)$$

可以得到以下推论：

推论 3.3：A 国的均衡政策既可能是投资补贴也可能是投资征税。

当 A 国企业间效率差异较大，或者国家间的贸易成本较低时，A 国因低效率企业被并购而产生的利润转移效应较强，并且跨国公司投资于

---

① 需要说明的是，此时跨国公司会通过并购企业 A1 进入 A 国，A 国因高效率企业被并购而受损。

B 国只会节约较少的贸易成本，此时 A 国政府处于强势地位，仅需对跨国公司征税即可获得投资；然而，当国家间的贸易成本较高时，贸易成本的节约效应较强，跨国公司在国家 B 投资可以获得较高的销售利润，因此国家 A 为了吸引跨国公司并购其高成本企业，就只能对跨国公司进行补贴。

（二）A 国政府不干预、B 国采取引资政策

已知无论跨国公司并购哪个企业，如果 A 国都不进行政策干预的话，跨国公司并购高效率企业更有利可图，也就意味着 $\pi_M^{A1} > \pi_M^{A2}$。这表明，当只有 B 国出台招商引资政策的情况下，跨国公司只可能在并购企业 A1 与投资于 B 国之间做出选择。因此，我们有

$$\pi_B^{\max} - \pi_M^{A1} = \frac{1}{288}(48t + 174t^2 - 11 - 46c - 35c^2) \qquad (3.30)$$

求解 $\pi_B^{\max} = \pi_M^{A1}$ 得 t_3。

命题 3.6：当 $c<c_3$ 且 $t>t_3$ 时，$\pi_B^{\max} > \pi_M^{A1}$，跨国公司在 B 国投资。但是，当 $c<c_3$ 且 $t<t_3$，或者 $c>c_3$ 时，$\pi_B^{\max} < \pi_M^{A1}$，跨国公司并购企业 A1。

图 3-4 给出了在 B 国采取积极的引资政策情形下，跨国公司的投资选择。B 表示投资于 B 国，A1 表示并购企业 A1。由于跨国公司可以通过跨国并购消除一个竞争对手，因此，在东道国没有政策歧视的情况下，其必然会选择高效率的企业 A1 作为并购目标，而并购低效率企业 A2，市场竞争比较激烈，不利于投资利润最大化。因此，投资于 A 国、并购企业 A1 与投资于 B 国成为跨国公司的备选投资策略。相对于新建投资而言，跨国并购可以消除部分市场竞争，但与此同时跨国公司却需支付大额的贸易成本，并且无法获得 B 国提供的政策优惠。权衡两种选择的各自优势，当贸易成本较高（低）时，贸易成本节约效应（竞争削弱效应）更为突出，跨国公司选择在 B 国投资（并购企业 A1）。并且，如果企业 A2 过于低效，跨国公司也将并购企业 A1，抢占两国的大部分市场、赚取很高的销售利润。

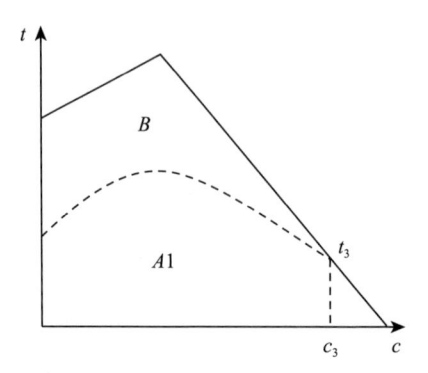

图 3-4　仅 B 国进行政策干预情况下技术占优型跨国公司的投资策略

接下来，我们把目光转移到对东道国福利变动的分析。沿用前述说明，此时 A 国的引资净福利为 w_{A1}，B 国的引资净福利为 $w_B - s_B^{min}$。根据

$$w_{A1} = W_A^{A1} - W_A^B = \frac{1}{288}[62t - 157t^2 - 25 - 2(61 - 19t)c - 97c^2] < 0 \quad (3.31)$$

$$w_B - s_B^{min} = \pi_B^{max} - \pi_M^{A1} > 0 \quad (3.32)$$

不难得到以下命题：

命题 3.7：跨国公司在 A 国投资势必损害东道国的利益，但是 B 国却会因外资流入而受益。

命题 3.7 背后的经济学含义非常清晰。因为 A 国拥有自己的本土企业，引入外资后利润转移效应使其利益受损。然而，对于 B 国而言，接受外资后本国消费者从市场竞争加剧中获益，并且由于没有本土企业必然不存在利润转移效应，从而使得 B 国政府运用政策导向引进外资的同时，实现了福利的改进。

我们效仿上述分析模式，进一步讨论 B 国的均衡政策。由

$$s_B^{min} = \frac{1}{144}[14 + 14c(2 + c - t) - 14t - 101t^2] \quad (3.33)$$

得到以下推论：

推论 3.4：B 国的均衡政策既可能是投资补贴也可能是投资征税。

若国家 A 的两个企业成本差距不大、国家间贸易成本较高，国家 B

会采用征税方式吸引跨国公司在本国新建投资，企图加大市场竞争力度、改善本国消费者福利。这是因为，一方面，高昂的贸易成本强化了 B 国在外资引入中的优势地位；另一方面，A 国企业之间效率差异越小，投资于 A 国对外企的吸引力越弱。这两个方面的作用促使 B 国政府对于跨国公司实施征税。但是，若国家 A 的两个企业成本差距不大、国家间贸易成本较低，抑或国家 A 的两个企业效率差异较大，跨国公司投资于国家 B 只会赚取较低的销售利润，因此，B 国为了实现引入外商投资提升本国福利的目的，就不得不对跨国公司进行投资补贴。

第二节 引入企业创新的拓展模型

外资进入方式的不同会对目标国企业的创新行为产生不同影响。在前面的分析中，我们假定企业没有研发行为，在本部分我们对以上模型进行拓展。假定 A 国的高成本企业 A2 为了提升自身的竞争实力，从事降低成本的研发活动，其研发投入为 $\alpha k^2/2$ 时，成本降低量为 k，$\alpha>0$ 体现了企业 A2 的研发效率，α 越小意味着研发效率越高，反之则越低。为了避免角点解并保证二阶导数成立，我们假设 α 足够大，即 $\alpha>2.68$。

相应的博弈时序则变为：如果存在政策竞争，那么两个国家首先确定其最优的投资政策，以及最优补贴或征税的数量；如果没有政策竞争，则直接进入下一个阶段；其次，跨国公司决定到 A 国并购企业还是到 B 国新建投资，如果选择跨国并购，则需选择并购哪个企业。再次，如果跨国公司兼并企业 A1 或在 B 国投资，那么企业 A2 进行研发；但如果跨国公司兼并企业 A2，企业研发则不再发生。最后，各企业在两国市场上直接或通过出口进行产量竞争，单位产品的出口成本依旧为 t。① 我们利用倒推法求解这一问题。

---

① 为了使得企业能够出口，我们假设单位运输成本较低。

一 企业的创新动机

如果跨国公司选择并购企业 A1，企业的利润函数分别为

$$\pi_M^{A1}=p_A x_A+(p_B-t)x_B \tag{3.34}$$

$$\pi_{A2}^{A1}=(p_A-c+k)y_A+(p_B-c+k-t)y_B-\alpha k^2/2 \tag{3.35}$$

容易求得企业 A2 的最优技术革新程度

$$k_1=\frac{4(2-t-4c)}{9\alpha-16} \tag{3.36}$$

如果跨国公司并购企业 A2，那么并购后跨国公司与企业 A2 组成了一个新的企业，该企业必定采用跨国公司的技术，其边际成本为零，因而无需进行研发。因此，这种情况与基本模型中的跨国公司并购企业 A2 的情形完全相同，我们可以共用前面的结果。

如果跨国公司选择在 B 国投资，那么不难求得企业 A2 的技术革新程度

$$k_2=\frac{3(2-6c-t)}{2(4\alpha-9)} \tag{3.37}$$

直接比较 k_1 和 k_2 得到：

$$k_1-k_2=\frac{5\alpha(2-6c-t)+8(8c\alpha+3t-6)}{2(4\alpha-9)(9\alpha-16)} \tag{3.38}$$

命题 3.8：相对于跨国公司投资于 B 国而言，跨国公司并购企业 A1 时企业 A2 的创新动力更强。

命题 3.8 证明如下：

由 $c-k_2=\dfrac{8c\alpha+3t-6}{2(4\alpha-9)}\geqslant 0$ 和 $k_2=\dfrac{3(2-6c-t)}{2(4\alpha-9)}>0$ 可推知 $8c\alpha+3t-6\geqslant 0$ 和 $2-6c-t>0$，因此有 $k_1-k_2>0$。

之所以会得到命题 3.8 的结论，是因为跨国公司在 B 国投资造成了企业数量的增加，从而使得企业间的竞争较之跨国公司并购企业 A1 时更为激烈，这就意味着此时企业 A2 的市场份额较少，单位收益较低，

这会削弱其研发动机。相反，如果跨国公司并购企业 A1，那么市场上只有两个企业相互竞争，企业 A2 的研发收益会相应增加，其研发动机也随之增强。

对 (k_1-k_2) 进行比较静态分析，可以推出：

（1） $\dfrac{\partial(k_1-k_2)}{\partial t} = \dfrac{24-5\alpha}{2(4\alpha-9)(9\alpha-16)}$，当 $\alpha<24/5$ 时，$\partial(k_1-k_2)/\partial t>0$；然而，当 $\alpha>24/5$ 时，$\partial(k_1-k_2)/\partial t<0$。由于 $k_1>k_2$，所以这意味着在企业 A2 研发效率较高（低）的情形下，贸易成本越高，两种投资方式下企业 A2 技术革新的差距越大（小）。

（2） $\dfrac{\partial(k_1-k_2)}{\partial c} = \dfrac{17\alpha}{(4\alpha-9)(9\alpha-16)}>0$，这说明企业 A2 创新前的生产成本越高，两种投资方式下其创新动力的差异越大。

（3） $\dfrac{\partial(k_1-k_2)}{\partial \alpha} = \dfrac{6[(2-t)f-102c(\alpha^2-4)]}{(144-145\alpha+36\alpha^2)^2}$。其中，$f=144\alpha-230-15\alpha^2$。当 $\alpha<7.58$ 时，$f>0$，不同投资策略下企业 A2 创新动力的差异不是其研发效率的单调函数，在 $t<2-\dfrac{102c(4-\alpha^2)}{230-144\alpha+15\alpha^2}$ 的条件下，$\partial(k_1-k_2)/\partial\alpha>0$；反之，若 $t>2-\dfrac{102c(4-\alpha^2)}{230-144\alpha+15\alpha^2}$，则 $\partial(k_1-k_2)/\partial\alpha<0$；当 $\alpha>7.58$ 时，$f<0$，因此有 $\partial(k_1-k_2)/\partial\alpha<0$。

综上可以得出以下结论：第一，如果企业 A2 的研发效率较高，那么贸易成本越高，两种情形下企业 A2 技术创新的动力差异就越大；相反，假若企业 A2 的研发效率较低，那么当贸易成本很高时，两种情况下企业 A2 的创新动力差异很小。第二，企业 A2 创新前的成本越高，相对于跨国公司投资于 B 国而言，跨国公司并购企业 A1 给企业 A2 创新动力的提升越大。第三，企业 A2 创新效率的改进既有可能会刺激又有可能会抑制其研发活动的相对强弱，具体结论取决于其研发前的成本大小以及贸易成本的高低。

我们逐一解释以上结论的经济学含义。首先，假如企业 A2 的研发效率很高，那么其研发成本很低，如果贸易成本较高，那么企业的出口量就较少，此时，跨国公司并购企业 A1 必将会极大地刺激企业 A2 进行技术创新活动。反之，假如企业 A2 的研发效率很低，其研发成本很高，贸易成本较高时，所有企业主要在生产地相互竞争，相对于跨国公司在 B 国投资而言，跨国公司并购企业 A1 时企业 A2 的技术创新动机变化较小。其次，企业 A2 创新前的效率越低，其面对跨国公司直接竞争时的创新收益就越大，所以其创新动机就越强。最后，虽然无论跨国公司的区位选择如何，当研发效率提高时，企业 A2 的创新动机都在增强；但是，企业研发效率的提高也会改变跨国公司的区位选择，从而改变市场的竞争程度以及企业 A2 的创新收益，因此，企业 A2 研发效率的改变对于其研发活动相对强弱的影响不确定。

二 跨国公司的投资选择与政府的最优政策

本节分析表明，在没有政策干预的情况下，如果跨国公司在 A 国投资，那么它必将选择成本较低的企业作为并购对象。这里，企业 A2 成本较高，尽管它从事降低成本的研发活动，但是最终的成本不会低于企业 A1，而且还要承受一定的研发费用，所以无论企业 A2 的研发效率有多高，都一定会有 $\pi_M^{A1} > \pi_M^{A2}$，也就是说，如果跨国并购发生，那么跨国公司必然并购企业 A1。因此在没有政策干预情况下，我们只需比较跨国公司是到 B 国新建投资还是到 A 国并购企业 A1 即可。利用 Matlab 编程，我们发现：如果 A 国两企业之间的成本差异较大或者成本差距适中但是国家间的贸易成本较低，那么跨国公司选择并购企业 A1；然而，如果 A 国两企业之间的成本差异较小或者成本差距适中但是国家间的贸易成本较高，那么跨国公司选择在 B 国新建投资。

第三章 技术占优型跨国公司投资策略与东道国企业创新

政策竞争的情况较为复杂，难以在一般情况下归纳跨国公司的投资选择以及 A、B 两国的均衡政策。这里我们借助数值分析来集中研究贸易成本如何影响跨国公司的投资决策以及东道国的政策选择。在 $\alpha > 2.68$ 范围内，选取 $\alpha=4$，$\alpha=8$ 代表企业 A2 研发效率高、低的情况。具体的结果请参见表 3-1。观察表 3-1 可以看出，无论企业 A2 的研发效率高（$\alpha=4$）或者低（$\alpha=8$），$\pi_{A2}^{max}-\pi_{A1}^{max}$ 总大于零，这意味着企业 A1 一定不会被并购，跨国公司只可能在并购企业 A2 与到 B 国建厂之间取舍。$w_B - s_B^{min}$ 表示 B 国获得外资的净收益，显然，竞争双方之间贸易成本较低时，跨国公司选择并购企业 A2，此时东道国的引资政策是投资征税（$s_{A2}^{min}<0$）；然而，在贸易成本较高时，跨国公司投资于 B 国，并且随着贸易成本的增加，国家 B 越倾向于对跨国公司进行少补贴多征税。虽然企业 A2 的创新行为并没有从根本上改变跨国公司的投资决策与东道国的政策选取，但是，其研发效率却严重影响着跨国公司的投资收益以及东道国的政策力度。

表 3-1 　　　　数值分析结果

	t	0.1	0.2	0.3	0.4	0.5
	$\pi_{A2}^{max}-\pi_{A1}^{max}$	0.083	0.080	0.076	0.072	0.068
$\alpha=4$	$w_B-s_B^{min}$	-0.015	0.019	0.078	0.160	0.266
	s_B^{min}	0.072	0.039	-0.020	-0.104	-0.213
	s_{A2}^{min}	-0.012	0.025	0.073	0.134	0.208
	t	0.1	0.2	0.3	0.4	0.5
	$\pi_{A2}^{max}-\pi_{A1}^{max}$	0.085	0.081	0.076	0.072	0.067
$\alpha=8$	$w_B-s_B^{min}$	-0.010	0.025	0.085	0.167	0.272
	s_B^{min}	0.049	0.018	-0.038	-0.119	-0.224
	s_{A2}^{min}	-0.002	0.033	0.081	0.141	0.213

第三节 结论分析

在没有过多的国际投资协定约束的背景下，如何有效地吸引更具经济价值的外商直接投资，促进本国企业的技术升级，同时如何加快本国企业走出去的进程，是中国乃至所有发展中国家亟待解决的重要问题。本章建立了一个两国贸易模型，一个跨国公司选择到一个国家并购企业或者到另一个国家新建投资，我们首先分析了当不存在对于外资的任何政策干预时，跨国公司更倾向于选择哪种投资方式？分析表明，当跨国公司选择相互竞争的国家之一进行投资时，需要在贸易成本效应和竞争削弱效应之间做出权衡。如果贸易成本效应起主要作用，那么跨国公司将选择到一国进行新建投资；反之，如果竞争削弱效应起主要作用，跨国公司将到另一国并购高效率企业。跨国并购损害了东道国的利益，但是，新建投资使东道国福利改善。

考虑国家之间为吸引跨国公司的投资而进行的政策竞争，研究发现：跨国公司仍然在跨国并购与新建投资之间取舍，但是，东道国借助投资政策迫使跨国公司并购其低效率企业；东道国通过补贴或征税来赢得外商投资并保证其福利的改进。关于政策竞争的福利含义，我们证实各国进行引资竞争能够实现配置效率。除此之外，一个重要结论是：政策竞争既可能导致各竞争国社会福利的帕累托严格改进，也可能使竞争国之一社会福利遭受损失。这不同于 Bjorvatn and Eckel（2006）关于政策竞争导致各竞争国社会福利帕累托弱改进的结论。这是因为在我们的研究中政策竞争改变了跨国公司的并购策略，东道国政府为此向跨国公司给予补贴，从而导致东道国社会福利遭受损失。相对于接受进口而言，直接引进外资更能刺激本土企业的研发行为。

本章的分析对于国际投资政策具有重要启示。国家或者地区之间是否应该积极展开对于外资的争夺？对于这个问题，争议不断。支持者认为，竞争优于协调，理由是后者实际上是一个政府的卡特尔，应该予以反对（马捷等，2012）；竞争会提高外资的分配效率，实现竞争国整体福利的改善（谢申祥、王孝松，2011）。而反对者认为，竞争将造成资源浪费，最终演变成无效率的恶性竞争。本章分析表明，当各国展开引资竞争时，如果利润转移效应足够大，开展引资竞争将使各国福利得到帕累托严格改进，这时也就没有必要进行政策协调；如果贸易壁垒较低，同时利润转移效应足够小，开展引资竞争将使东道国福利遭受损失，这时可能需要国家间协调合作，避免过度的引资竞争。

第四章 技术落后型跨国公司投资策略与东道国企业创新

虽然经典的理论认为跨国公司一般具有先进的技术或管理经验,但是,近年来大量的实证分析和著名案例表明,很多跨国公司未必具有技术优势,其海外投资的目的就是获取对方的关键性资源或关键性技术。例如,2004 年联想并购 IBM 的个人电脑业务、TCL 收购法国阿尔卡特手机、明基收购西门子手机,2009 年四川腾中重工试图并购悍马、吉利并购沃尔沃,等等。近年来,中国企业的跨国并购活动极为活跃,规模不断扩大。2008 年通过企业兼并实现的对外投资多达 302 亿美元;[1] 2016 年中国企业跨国并购交易实现跨越式增长,累计宣布的交易金额为 2158 亿美元,较 2015 年大幅增长了 148%。[2] 近几年中国跨国并购热正退潮,其主要原因在于美国和欧洲监管趋严、中国对中企跨国并购的支持力度下降、中美贸易摩擦加剧以及融资环境收紧。

本章沿袭上一章的分析模式,通过一个两国模型,集中探讨企业间

---

[1] 但有为:《前 9 月全球跨国投资大降,中国逆势增长》,http://www.p5w.net/news/gncj/200911/t2653425.htm,2009 年 11 月 4 日。

[2] 贾琼:《中国企业 2016 年海外投资并购交易金额大幅增长 150%》,https://www.lanjinger.com/d/50004,2017 年 6 月 6 日。

的成本差异、国家间的贸易成本、各国的外资政策对于技术落后型企业开拓国际市场策略的影响,以及跨国公司的投资策略对于东道国企业创新动力与社会福利的影响,等等。

第一节 政策竞争与跨国公司投资策略

一 无政策干预的情况

考虑两个不同的国家 A 和 B。其中,国家 A 较为发达,拥有两家本土企业 A1 和 A2,它们生产完全相同的产品但是单位产品的成本不同。企业 A1 的效率较高,边际成本为零;企业 A2 的效率较低,边际成本为 c,这里 $c>0$ 用来反映两个企业的效率差异。国家 B 则相对落后,境内没有企业。一个生产相同产品且边际成本为 c 的跨国公司 M,为了开拓国际市场,决定在国家 A 或在国家 B 投资。此时,跨国公司有三种选择:第一种选择是通过并购企业 A1 进入 A 国,① 第二种选择是通过并购企业 A2 进入 A 国,第三种选择是在 B 国新建投资。新建投资尽管风险较低但是产品营销成本较高,相反,跨国并购虽然可以获得被并购企业的技术及营销渠道,但是由于信息不对称问题所以风险较高。因为新建投资与跨国并购各有利弊,所以为了凸显本书的研究重点并且有利于简化模型的分析,我们假定跨国公司选择任一投资方式的固定成本完全相同,且简化为零,这意味着跨国公司 M 的投资决策仅取决于其市场利润与东道国的政策选择。

无论跨国公司 M 的投资决策如何,市场上所有的企业都可以将产品出口到另外一个国家,但是每出口一单位产品需要支付单位运输成本

---

① 跨国公司并购企业 A1 将获得先进的技术,其边际成本降为零,这就是获取技术型的跨国并购。这种对外投资多发生在目标企业陷于财务困境之时,四川腾中重工试图收购悍马、吉利并购沃尔沃就是很好的例证。

t, $t \in [0, (1-2c)/3]$。由于出口存在运输成本,两国的相对市场大小必将对跨国公司的区位选择产生严重的影响,但是,本书的分析重点是研究政策竞争、跨国公司投资选择以及企业创新之间的关系,因此,我们假定 A、B 两国的市场容量相同,市场反需求函数均为 $p_k=1-Q_k$, $k=A, B$。其中,p_k 为国家 k 市场上的产品价格,Q_k 为产品销量。在本部分,我们暂且不讨论企业 A2 的研发行为。博弈过程如下:首先,跨国公司进行投资决策;然后,所有企业在两个国家进行产量竞争。这里,我们采用倒推法求解问题的均衡。

如果跨国公司选取企业 A1 作为并购对象,那么并购后跨国公司获得了企业 A1 的先进技术,边际成本降为零。此时市场上存在两个企业:跨国公司 M 和企业 A2。每个企业的利润由两部分组成:第一部分是在 A 国获得的利润,第二部分是在 B 国得到的利润。企业的利润函数表示如下

$$\pi_M^{A1} = p_A x_A + (p_B - t) x_B \tag{4.1}$$

$$\pi_{A2}^{A1} = (p_A - c) y_A + (p_B - c - t) y_B \tag{4.2}$$

求解得到各企业的利润

$$\pi_M^{A1} = \frac{(1+c)^2}{9} + \frac{(1-t+c)^2}{9} \tag{4.3}$$

$$\pi_{A2}^{A1} = \frac{(1-2c)^2}{9} + \frac{(1-t-2c)^2}{9} \tag{4.4}$$

以及两国的消费者剩余及社会福利

$$CS_A^{A1} = \frac{(2-c)^2}{18} \tag{4.5}$$

$$W_A^{A1} = \frac{1}{18} [2(4-2t+t^2) - 4(5-2t)c + 17c^2] \tag{4.6}$$

$$W_B^{A1} = CS_B^{A1} = \frac{(2-2t-c)^2}{18} \tag{4.7}$$

如果跨国公司选取企业 A2 作为并购对象,那么此时企业 A1、跨国

公司在两国进行产量竞争，对应的利润函数分别是

$$\pi_{A1}^{A2}=p_A x_A+(p_B-t)\ x_B \tag{4.8}$$

$$\pi_{M}^{A2}=(p_A-c)\ y_A+(p_B-c-t)\ y_B \tag{4.9}$$

尽管市场竞争程度与跨国公司并购企业 A1 相同，但是每个企业的利润以及国家 A 的社会福利发生了改变。

$$\pi_{A1}^{A2}=\frac{(1+c)^2}{9}+\frac{(1-t+c)^2}{9} \tag{4.10}$$

$$\pi_{M}^{A2}=\frac{(1-2c)^2}{9}+\frac{(1-t-2c)^2}{9} \tag{4.11}$$

$$CS_A^{A2}=\frac{(2-c)^2}{18} \tag{4.12}$$

$$W_A^{A2}=\frac{1}{9}(4-2t+t^2) \tag{4.13}$$

$$W_B^{A2}=CS_B^{A2}=\frac{(2-2t-c)^2}{18} \tag{4.14}$$

与跨国公司并购企业 A1 的情况相比，尽管此时没有改变市场竞争程度，但是，跨国公司的竞争地位发生了反转。跨国公司并购企业 A1，不仅可以避免与高效率企业竞争，而且也会因获取先进技术而提升自身的竞争力，相对而言，跨国公司并购企业 A2 则无法摆脱成本高的窘况，必然在竞争中处于劣势，所以跨国公司一定会并购效率较高的企业 A1。① 这与现实中跨国公司选择优势企业作为并购对象的特点相吻合。

如果跨国公司选择到 B 国新建投资，那么跨国公司的进入使得市场上存在三个企业，各企业的利润函数分别是

$$\pi_{A1}^{B}=p_A x_A+(p_B-t)\ x_B \tag{4.15}$$

$$\pi_{A2}^{B}=(p_A-c)\ y_A+(p_B-c-t)\ y_B \tag{4.16}$$

---

① 这与技术占优型跨国公司的投资选择一致，这表明，无论跨国公司的生产效率高或低，在东道国没有政策干预的情形下，高效率企业都将是其首选的并购对象。

$$\pi_M^B = (p_A - c - t) z_A + (p_B - c) z_B \tag{4.17}$$

每个企业的利润依次为

$$\pi_{A1}^B = \frac{(1+2c+t)^2}{16} + \frac{(1+2c-2t)^2}{16} \tag{4.18}$$

$$\pi_{A2}^B = \frac{(1-2c+t)^2}{16} + \frac{(1-2c-2t)^2}{16} \tag{4.19}$$

$$\pi_M^B = \frac{(1-2c-3t)^2}{16} + \frac{(1-2c+2t)^2}{16} \tag{4.20}$$

两国的消费者剩余以及社会福利分别是

$$CS_A^B = \frac{(3-2c-t)^2}{32} \tag{4.21}$$

$$W_A^B = \frac{1}{32}\left[17 - 14t + 21t^2 - (22 - 41c - 10t)c\right] \tag{4.22}$$

$$W_B^B = CS_B^B = \frac{(3-2t-2c)^2}{32} \tag{4.23}$$

如果不考虑政策干预，那么跨国公司投资决策的主要原则就是最大化市场利润。因为跨国公司绝对不会并购企业 A2，所以它需在并购企业 A1 与在 B 国新建投资之间做出选择。由于

$$\pi_M^{A1} - \pi_M^B = \frac{1}{144}\left[14 - 40c^2 + 68c(2-t) - 14t - 101t^2\right] \tag{4.24}$$

所以我们得到以下结论：

命题 4.1：当 $c<c^*$ 且 $t>t^*$①时，跨国公司的最优选择是到 B 国新建投资；当 $c<c^*$ 且 $t<t^*$ 或者 $c>c^*$ 时，那么并购企业 A1 更有利可图。

命题 4.1 证明如下：

根据 $\pi_M^{A1} - \pi_M^B = \frac{1}{144}\left[14 - 40c^2 + 68c(2-t) - 14t - 101t^2\right]$，令 $\pi_M^{A1} - \pi_M^B = 0$ 得到 t^*。求解 $t^* = (1-2c)/3$ 得到 $c^* = 17/2(377 + 18\sqrt{434})$。当 $c<c^*$

---

① 本章的参数取值、引入企业创新的模型推导过程请参见附录 B。

时，$t^* < (1-2c)/3$，并且 $\partial(\pi_M^{A1}-\pi_M^B)/\partial t<0$，因此，在 $t>t^*$ 时，$\pi_M^{A1}<\pi_M^B$；在 $t<t^*$ 时，$\pi_M^{A1}>\pi_M^B$。但是，当 $c>c^*$ 时，$t^* > (1-2c)/3$，所以必有 $\pi_M^{A1}>\pi_M^B$ 成立。

当 $c<c^*$ 时，尽管跨国公司在国家 B 新建投资会造成更为激烈的市场竞争，但其在 B 国投资会节省大量的运输成本，在单位运输成本很高的条件下，成本节约效应超过市场竞争效应，跨国公司在 B 国投资；若单位运输成本较低，市场竞争效应超过了成本节约效应，跨国公司则倾向于通过并购企业 A1 以消除部分竞争，从而获得更高的利润。当 $c>c^*$ 时，A 国的两个企业成本差距较大，并购企业 A1 将赢得较大的竞争优势，同时可以避免与高效率企业 A1 进行竞争，所以跨国公司必定会放弃在 B 国投资、选择并购企业 A1。

因为 $\partial t^*/\partial c<0$，所以得到以下推论：

推论 4.1：在没有政策竞争的情况下，A 国的两个企业成本差距越大，跨国公司并购企业 A1 的可能性就越高。

可以从两方面来理解该推论的经济学含义：一方面，两个企业成本差距越大，并购企业 A1 后跨国公司的技术进步程度就越大，创造的利润就越多；另一方面，相对于在 B 国投资而言，并购企业 A1 可以缓解市场竞争，提高产业利润。因此，A 国的两个企业成本差距越大，跨国公司并购企业 A1 的动机就越强。

为了分析跨国公司投资的福利效应，需要推算东道国获取国际直接投资的净收益，亦即 $w_i = W_k^i - W_k^j$，$i, j = A1, A2, B$，$i \neq j$。由于

$$W_A^{A1} - W_A^B = \frac{1}{288}[62t-25-52c^2-157t^2-4c(53-23t)] < 0 \quad (4.25)$$

$$W_B^B - W_B^{A1} = \frac{1}{288}(1-2c+2t)(17-10c-14t) > 0 \quad (4.26)$$

我们得到如下结论：

命题 4.2：在没有政策竞争情况下，跨国公司新建投资会提高 B 国的社会福利，但是，跨国并购会降低 A 国的社会福利。

命题 4.2 从某种程度上较好地解释了为何落后国家往往更有动机引进外资，其经济学含义非常直观。对于 B 国来说，其社会福利的升降只取决于其消费者剩余的高低，如果跨国公司在 B 国投资，那么市场上有三个企业，市场竞争程度比较激烈，所以 B 国从投资中获益。但是，如果跨国公司并购企业 A1，市场中只有两个企业，市场上的产品销售量相对较少、产品价格较高，因此跨国公司的并购行为恶化了消费者的处境，并且由于利润转移效应，致使 A 国福利受损。

二 存在政策竞争的情况

在这部分，我们研究东道国国际直接投资政策对跨国公司投资选择的影响，以及由此产生的社会福利效应。此时，博弈过程变为三阶段，即在跨国公司进行投资决策之前，A、B 两国公布其外资政策，最后各个企业在两国市场上直接或通过出口的方式进行产量竞争。

沿用第三章关于政策竞争的定义，此时借助前面的分析结果，我们化简得到各国的净收益

$$w_{A1}-s_{A1}^{\min}=w_{A2}-s_{A2}^{\min}=\frac{1}{288}\left[52c(2-t)+14t-14-152c^2-331t^2\right] \quad (4.27)$$

$$w_B-s_B^{\min}=\frac{1}{288}\left[14-14t+331t^2-52c(2-t)+152c^2\right] \quad (4.28)$$

由于 $w_{A1}-s_{A1}^{\min}=w_{A2}-s_{A2}^{\min}$，所以即使是跨国公司的并购对象不同，但也不会改变 A 国的净收益。为了简化我们的表达，在下面的分析中我们将并购企业 A1 或 A2 称为在 A 国投资。因此在政策竞争的情况下，跨国公司将在投资 A 国与投资 B 国之间进行选择。求解 $w_B=s_B^{\min}$ 得 t_1，t_2 和以下结论。

命题 4.3：在政策竞争的情况下，当 $c_1<c<7/38$ 且 $t_1<t<t_2$，或者 $7/38<c<83/238$ 且 $t<t_2$，或者 $c>83/238$ 时，国家 A 获得投资；当 $c<c_1$，或者 $c_1<c<7/38$ 且 $t<t_1$，或者 $c_1<c<83/238$ 且 $t>t_2$ 时，国家 B 赢得投资。

无论跨国公司在哪个国家投资,政策竞争都会提高东道国与全球总福利。

基于 $t^* < t_2$,我们可以得到以下的推论:

推论 4.2:政策竞争增强了跨国公司在国家 B 投资的动机。

图 4-1 中的字母 $A1$,$A2$,B 表示跨国公司均衡状态的投资策略,上标 NC、C 分别代表没有政策竞争与存在政策竞争的两种情形。例如,$A1^{NC}$ 表示没有政策竞争时,跨国公司选取企业 A1 作为并购对象;B^C 表示 B 国通过政策竞争获得投资;B 表示无论有无政策竞争,跨国公司都会在 B 国投资。如果没有政策竞争,在图中弯曲虚线以上的区域($t > t^*$),跨国公司在 B 国新建投资;在弯曲虚线以下的区域,跨国公司的最优选择是并购企业 A1。但是,如果存在政策竞争,在加粗实线以左部分即区域Ⅰ内,国家 B 获得投资;然而,在加粗实线以右部分即区域Ⅱ内,国家 A 赢得投资。从图中能够清晰地看出,政策竞争增加了跨国公司在国家 B 投资的机会。其主要原因是:国家 B 在制定外资政策时只需考虑本国消费者的利益,然而,国家 A 不仅要考虑本国消费者的福利,而且要考虑吸纳外资所带来的利润转移效应。因此,相对于 A 国来说,B 国政府更有动力吸引国际直接投资,所以政策竞争提高了跨国投资发生在 B 国的可能性。

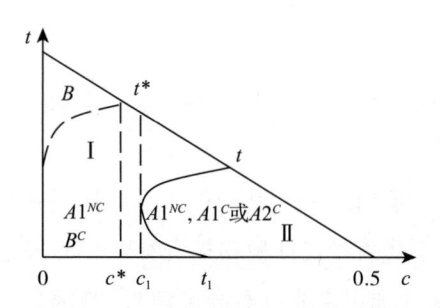

图 4-1 技术落后型跨国公司的投资策略

推论 4.3:国家 A 对跨国公司并购企业 A1 的行为征税,但如果被并购的对象是企业 A2,则在企业 A2 成本较高(低)时采取补贴(征税）政策；B 国的最优政策既可能是投资补贴又可能是投资征税，取决于企业 A2 的成本与运输成本的大小。

推论 4.3 证明如下：

一个国家吸引外资的动力来源于从中获得的收益大于其支出，即 $w_i > s_i^{\min}$，$i = A1, A2, B$。

（1）已知 $w_{A1} < 0$，我们很容易就能得到 $s_{A1}^{\min} < 0$，这表明国家 A 必然对跨国公司并购企业 A1 征税。

（2）由于 $w_{A2} = \frac{1}{288} [4c(43-25t) - 25 - 244c^2 + 62t - 157t^2]$ 的大小由企业 A2 的成本以及运输成本共同决定，所以需要判断在 $w_{A2} > s_{A2}^{\min}$ 条件下 $s_{A2}^{\min}$ 的正负。根据定义我们计算出 $s_{A2}^{\min} = \frac{1}{288} [48t + 174t^2 - 11 - 92c^2 + 4c(17-12t)]$，研究发现：当 $c_1 < c < 7/38$ 且 $t_1 < t < t_2$，或者 $7/38 < c < 11/46$ 且 $t < t_2$ 时，$s_{A2}^{\min} < 0$，国家 A 采取征税政策；然而，当 $11/46 < c < 83/238$ 且 $t < t_2$，或者 $c > 83/238$ 时，$s_{A2}^{\min} > 0$，国家 A 采取补贴政策。

（3）同理，我们采用直接分析的方法研究国家 B 的投资政策。计算得到 $s_B^{\min} = \frac{1}{288} [3 - 132c^2 + 4c(15-11t) + 34t - 359t^2]$，研究表明：当 $c < c_1$ 且 $t < t_3$，或者 $c_1 < c < 7/38$ 且 $t < t_1$，或者 $c_1 < c < 23/118$ 且 $t_2 < t < t_3$，或者 $23/118 < c < 83/238$ 且 $t > t_2$ 时，$s_B^{\min} > 0$，国家 B 采取补贴政策吸引跨国公司新建投资；然而，当 $c < 23/118$ 且 $t > t_3$ 时，$s_B^{\min} < 0$，这意味着国家 B 将采取征税政策。

图 4-2 中的字母 A1，A2，B 依然表示跨国公司均衡状态的投资策略，下标 T，S 分别代表投资征税和投资补贴。跨国公司在国家 A 投资的部分称为区域 A（加粗实线以右的区域），跨国公司在国家 B 新建投资的部分称为区域 B（加粗实线以左的区域）。在区域 A 内，在加粗虚线以右的区域内，企业 A1、A2 的成本差距很大，国家 A 对跨国公司并购企业 A1 进行征税，但对并购企业 A2 进行补贴。在加粗虚线以左的

区域内，企业 A1、A2 的成本差距较小，无论跨国公司并购哪个企业，国家 A 都将通过对其征税来弥补因利润转移所造成的损失。

在区域 B 内，在弯曲虚线以上区域，国家间的贸易成本很高，国家 B 的最优外资政策是投资征税。这是因为如果国家间的运输成本较高，那么相对于在 A 国投资，跨国公司在 B 国投资会节省大量运输成本、赚取较高的利润，因此国家 B 采取征税政策就可以赢得国际直接投资。但是，如果国家间的贸易成本较低（即图中弯曲虚线以下部分），国家 B 则需采取补贴政策来吸引跨国公司投资，因为此时国家间的贸易成本较低，跨国公司在 A 国并购企业对于 B 国的消费者不利，所以 B 国政府为了获得投资就必须对跨国公司进行补贴。

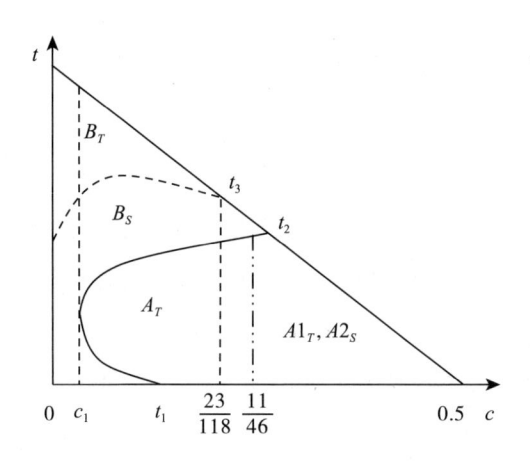

图 4-2　政策竞争下各国的引资政策

三　仅一国进行政策干预的情况

在这一部分我们将单方存在引资政策的情形纳入到我们的分析框架中。假定跨国投资发生之前，A 国（或 B 国）宣布其引资政策。因此，如果东道国存在引资政策，那么跨国公司在该国投资所能够获得的最大收益是 $\pi_i^{\min} = \pi_M^i + w_i$，为了吸引外资，该国的最佳政策是 $s_i^{\min} = \pi_j^{\max} - \pi_M^i$。

然而，如果东道国只是被动地接受跨国投资，则跨国公司的收益仅为其在两国市场上总的销售利润 π_M^i。跨国公司的投资选择取决于其在何种方式下获取收益的最高。

（一） A 国采取引资政策、B 国政府不干预

基于前文对于两国都不存在政策情形的讨论，我们得知 $\pi_{A2}^{\max}=\pi_{A1}^{\max}$，即对于跨国公司而言，并购企业 A1 或企业 A2 将会为其创造相同的收益，记为 $\pi_A^{\max}$，为了与基准模型保持一致，我们仍将此种现象统称为在 A 国投资。所以此时问题变成跨国公司投资区位的选择。根据

$$\pi_A^{\max}-\pi_M^B=\frac{1}{288}[3-132c^2+4c(15-11t)+34t-359t^2] \quad (4.29)$$

求解 $\pi_A^{\max}=\pi_M^B$ 得 t_3。

命题 4.4：当 $c<23/118$ 且 $t>t_3$ 时，$\pi_A^{\max}<\pi_M^B$，跨国公司在 B 国投资。但是，当 $c<23/118$ 且 $t<t_3$，或者 $c>23/118$ 时，$\pi_A^{\max}>\pi_M^B$，跨国公司在 A 国投资。

市场竞争程度、贸易成本、东道国的引资政策是影响跨国公司区位投资的主要因素。对跨国公司而言，由于 B 国对外资进入采取默许的态度，因此投资于此的收益即为其在两国获得的销售利润之和，然而，投资于 A 国会受到当地政府的干预，除了销售利润以外，其收益还包括当地政府的政策优惠。

一方面，投资于 B 国可以避免直接面对强有力的竞争对手，并且出口成本越高，跨国公司投资于 B 国可以节省的贸易成本越多，跨国公司在 B 国建厂的动机越强。另一方面，投资于 A 国可以弱化企业间的竞争，并且当地企业间的效率差距越大，跨国并购的动机就越强。从而，当单位贸易成本很高时，跨国公司节省贸易成本的意识较强，往往选择在 B 国投资。但是，当单位贸易成本较小或者目标企业间的效率差距很大时，迫于竞争压力与东道国政策导向所致，跨国公司将在 A 国投资。一般而言，如果没有当地政府的干预，面对两个效率不同的备选并购对

象，跨国公司必然选择并购高效率企业。但是，A 国通过差异化的引资政策提高了本国低效率企业对跨国公司的吸引力，推翻了并购优质企业更有利可图的传统观念。

借助前文有关政策的定义，我们很容易得到 A 国的引资净收益为 $w_A - s_A^{min}$，B 国的净收益为 w_B，具体的结果如下所示

$$w_A - s_A^{min} = \pi_A^{max} - \pi_M^B \tag{4.30}$$

$$w_B = \frac{1}{288}(1-2c+2t)(17-10c-14t) > 0 \tag{4.31}$$

命题 4.5：无论跨国公司在哪国投资，该国都会从中受益。

跨国公司投资于 B 国，新企业的建立提升了企业间的竞争，B 国的消费者从中受益。跨国公司在 A 国从事并购活动，并购对象的利润被转移出 A 国，显然，这会损害 A 国的福利，然而，A 国政府运用灵活的引资政策实现了引进外资与提高本国福利的双赢局面。

我们已经分析了跨国公司的投资选择，接下来我们再分析 A 国的引资政策。由于 A 国的政策导向诱发跨国公司既可能并购其低效率企业，也可能并购其高效率企业，因此我们需要分析 A 国针对不同并购对象的政策情况。根据

$$s_{A1}^{min} = \frac{1}{144}[101t^2 + 14t - 14 + 40c^2 - 68c(2-t)] \tag{4.32}$$

$$s_{A2}^{min} = \frac{1}{144}[101t^2 + 14t - 14 - 56c^2 + 28c(2-t)] \tag{4.33}$$

可以得到以下推论：

推论 4.4：当 $c<c_2$ 且 $t<t_3$，或者 $c>c_2$ 且 $t<t_4$ 时，国家 A 对并购本国低效率企业进行征税；但是，当 $c>c_2$ 且 $t_4<t<t_3$，或者 $c>c_1$ 且 $t>t_3$ 时，国家 A 将采取补贴政策吸引跨国公司并购其低效率企业。国家 A 将对跨国公司并购其高效率企业征税。

对于 A 国政府而言，本国企业被外资并购会产生两方面的不利影响，一方面，本国企业的部分利润被跨国公司攫取；另一方面，相对于

接受跨国公司的进口，引入外资反而会弱化本国市场的竞争，消费者利益受损。尽管外资流入对本国有诸多不利的影响，但是却可通过制定相应的政策来改善本国的福利。具体而言，倘若跨国公司选取本国高效率企业作为并购目标，为了弥补高额的利润损失，本国的引资政策是投资征税；但是，与之不同的是，如果本国的低效率企业成为并购对象，本国的引资政策则既可能是投资征税也可能是投资补贴，这取决于本国企业间的效率差距以及两国间贸易成本的大小。也就是说，A 国政府为了诱导外资并购本国低效率企业，对外资进行补贴也是一种可能的选择。

（二）A 国政府不干预、B 国采取引资政策

在基准模型中，我们已经指出如果 A 国不进行政策干预的话，对跨国公司而言，并购高效率企业显然优于并购低效率企业，即 $\pi_M^{A1} > \pi_M^{A2}$。因此，我们有

$$\pi_B^{max} - \pi_M^{A1} = \frac{1}{288}\left[174t^2 + 48t - 11 + 100c^2 - 4c(79 - 36t)\right] \quad (4.34)$$

求解 $\pi_B^{max} = \pi_M^{A1}$ 得 t_5。

命题 4.6：当 $c<c_3$ 且 $t>t_5$ 时，$\pi_B^{max} > \pi_M^{A1}$，跨国公司在 B 国投资。但是，当 $c<c_3$ 且 $t<t_5$，或者 $c>c_3$ 时，$\pi_B^{max} < \pi_M^{A1}$，跨国公司并购企业 A1。

由于跨国公司可以通过跨国并购消除一个竞争对手，因此，在东道国没有政策歧视的情况下，其必然会选择高效率的企业 A1 为并购目标，而并购低效率企业 A2 会加剧市场竞争，不利于投资利润最大化。因此，投资于 A 国、并购企业 A1 与投资于 B 国成为跨国公司的备选投资策略。相对于新建投资而言，跨国并购可以消除部分市场竞争，但与此同时跨国公司却需支付大额的贸易成本，并且无法获得 B 国提供的政策优惠。权衡两种选择的各自优势，当贸易成本较高（低）时，贸易成本节约效应（竞争削弱效应）更为突出，跨国公司选择在 B 国投资（并购企业 A1）。并且，如果企业 A2 过于低效，跨国公司也将并购企业 A1，抢占两国的大部分市场、赚取很高的销售利润。

接下来，我们把目光转移到对东道国福利变动的分析。沿用前述说明，此时 A 国的引资净福利为 w_A，B 国的引资净福利为 $w_B - s_B^{min}$。根据

$$w_A = W_A^{A1} - W_A^B = \frac{1}{288} \left[62t - 157t^2 - 25 - 2(61 - 19t)c - 97c^2 \right] < 0 \quad (4.35)$$

$$w_B - s_B^{min} = \pi_B^{max} - \pi_M^{A1} \quad (4.36)$$

不难得到以下命题：

命题 4.7：跨国公司在 A 国投资势必损害东道国的利益，但是 B 国却会因外资流入而受益。

命题 4.7 背后的经济学含义非常清晰。因为 A 国拥有自己的本土企业，引入外资后利润转移效应使其利益受损。然而，对于 B 国而言，接受外资后本国消费者从市场竞争加剧中获益，并且由于没有本土企业必然不存在利润转移效应，从而使得 B 国政府运用政策导向引进外资的同时，实现了福利的改进。

接下来，我们效仿上述分析模式，讨论 B 国的均衡政策。由

$$s_B^{min} = \frac{1}{144} \left[14 + 14c(2 + c - t) - 14t - 101t^2 \right] \quad (4.37)$$

我们得到以下结论：

推论 4.5：当 $c < c_4$ 且 $t > t^*$ 时，$s_B^{min} < 0$，国家 B 将对跨国公司进行投资征税。但是，当 $c < c_4$ 且 $t_5 < t < t^*$，或者 $c_4 < c < c_3$ 且 $t > t_5$ 时，$s_B^{min} > 0$，国家 B 将对跨国公司进行投资补贴。

借鉴前文对于东道国引资政策的分析思路来理解推论 4.5。因为 A 国本土企业的成本差距越小，国家间贸易成本越高，投资于 A 国对跨国公司的吸引力越弱，相反投资于 B 国对跨国公司的吸引力就越强。所以，当贸易成本节约效应大于竞争削弱效应时，B 国政府采用税收政策即可获得跨国公司的投资。但是，当竞争削弱效应占主导地位时，B 国只能通过投资补贴才能吸引到跨国公司的直接投资。

第二节　引入企业创新的拓展模型

一　企业的创新动机

在这一部分我们将企业研发纳入我们的分析框架。假定跨国投资发生之后，企业 A2 可以从事降低成本的研发活动，研发投入为 $\alpha k^2/2$，边际成本降低幅度为 k，$\alpha>0$ 体现了企业 A2 的研发效率，α 越小表明其研发效率越高，反之则越低。$\alpha>9/4$ 可以保证二阶导数成立，并且排除了角点解。在博弈的最后阶段，所有企业在 A、B 两国进行产量竞争。

如果跨国公司并购企业 A1，那么其边际成本降为零。企业的利润函数表示如下

$$\pi_M^{A1}=p_A x_A+(p_B-t)x_B \qquad (4.38)$$

$$\pi_{A2}^{A1}=(p_A-c+k)y_A+(p_B-c+k-t)y_B-\alpha k^2/2 \qquad (4.39)$$

此时，企业 A2 选择技术革新程度为

$$k^{A1}=\frac{4(2-t-4c)}{9\alpha-16} \qquad (4.40)$$

如果跨国公司并购企业 A2，那么企业兼并完成之后，企业 A2 不复存在，所以没有企业的研发行为，① 这部分结论与本节前文并购企业 A2 的情形完全相同，在此不再重复。

如果跨国公司在 B 国新建投资，则市场上有三个企业：企业 A1、跨国公司和企业 A2，对应的企业利润函数为

$$\pi_{A1}^B=p_A x_A+(p_B-t)x_B \qquad (4.41)$$

$$\pi_M^B=(p_A-c-t)z_A+(p_B-c)z_B \qquad (4.42)$$

$$\pi_{A2}^B=(p_A-c+k)y_A+(p_B-c+k-t)y_B-\alpha k^2/2 \qquad (4.43)$$

---

① 如果假设并购后的企业依然进行研发活动，有关创新动机的结论不会发生改变，然而跨国公司的投资策略、东道国的政策将会发生变化。

企业 A2 的技术革新程度是

$$k^B = \frac{3(2-4c-t)}{2(4\alpha-9)} \tag{4.44}$$

直接比较 k^{A1} 与 k^B 得到

$$k^B - k^{A1} = \frac{(2-4c-t)(24-5\alpha)}{2(4\alpha-9)(9\alpha-16)} \tag{4.45}$$

命题 4.8：当 $\alpha<24/5$ 时，跨国公司在 B 国投资时企业 A2 的技术革新程度较大；当 $\alpha>24/5$ 时，跨国公司并购企业 A1 时企业 A2 的技术革新程度较大。

命题 4.8 证明如下：

在保证 $k^B = \frac{3(2-4c-t)}{2(4\alpha-9)} > 0$ 的条件下，我们有 $2-4c-t>0$。因此，当 $\alpha<24/5$ 时，$k^B>k^{A1}$；当 $\alpha>24/5$ 时，$k^B<k^{A1}$。

市场竞争和企业研发效率共同影响着企业 A2 的研发投入，此时，在研发效率较高的条件下，跨国公司在 B 国投资时企业 A2 研发动机较强。相反，如果企业 A2 的研发效率很低，那么当跨国公司并购企业 A1 时企业 A2 的研发动机较强。由命题 4.8 可知，跨国公司不同的投资选择对于企业 A2 的研发动机产生不同的影响。

令 $\Delta k = k^B - k^{A1}$，分别对 t，c，α 求一阶导数得

（1）当 $\alpha<24/5$ 时，$\Delta k>0$，$\partial\Delta k/\partial t<0$，$\partial\Delta k/\partial c<0$；当 $\alpha>24/5$ 时，$\Delta k<0$，$\partial\Delta k/\partial t>0$，$\partial\Delta k/\partial c>0$。这表明无论企业的研发效率是高还是低，运输成本越高，企业 A2 创新前的成本越高，两种投资方式下企业 A2 技术革新程度的差异越小。

（2）当 $\alpha<24/5$ 时，$\Delta k>0$，$\partial\Delta k/\partial\alpha<0$，这意味着两种投资方式下企业 A2 技术革新的差异随着企业 A2 研发效率的增强在增大；当 $24/5<\alpha<\alpha^*$ 时，$\Delta k<0$，$\partial\Delta k/\partial\alpha<0$，这意味着企业 A2 研发效率的增强会缩小两种方式下其创新动机的差距；如果 $\alpha>\alpha^*$ 即研发成本过高，则 $\Delta k<0$，$\partial\Delta k/\partial\alpha>0$，这意味着企业 A2 研发效率的增强会扩大两种方式下其技术

革新的差距。

综上可以得到以下结论：如果贸易成本越高，或者企业 A2 的初始成本越高，那么跨国公司在不同国家投资对企业 A2 创新动机的差异影响越小；并且企业 A2 创新动机的差异是其研发效率的 N 型函数。

二 跨国公司的投资决策与政府的最优政策

虽然企业 A2 可以进行研发，但是其研发后的效率仍然低于企业 A1 的效率，所以如果跨国公司并购企业，那么它一定并购企业 A1。利用 Matlab 编程，我们发现：如果 A 国两企业之间的效率差异较大或者并没有太大差异但贸易成本较低，那么跨国公司更倾向于并购企业 A1；否则，跨国公司倾向于到 B 国新建投资。

接下来，我们将判断政策竞争情况下跨国公司的投资策略与两个国家的招商引资政策。遗憾的是，由于参数之间的关系过于复杂，我们无法给出精确的解析表达式，只能选取企业 A2 不同的研发效率，判断跨国公司的投资决策以及两国的均衡政策。在 $\alpha>9/4$ 范围内，我们选取 $\alpha=4$、$\alpha=8$ 来代表企业 A2 研发效率高、低的情况。具体的模拟结果见表 4-1。为了使得表 4-1 更为清晰简洁，我们首先列出了跨国公司的投资决策，随后才给出了这些结论成立的条件，并且省略了个别政策设置的约束条件。例如，如果 $\alpha=4$，那么当 $0.30<c<0.32\ \&\ t<t_6$ 时，跨国公司并购企业 A1，国家 A 将对跨国公司进行征税。

观察表 4-1 可以发现两点规律：（1）企业 A2 的创新行为会对跨国公司的投资决策与东道国的政策设置造成实质性的影响。此时跨国公司既可能并购企业 A1，也可能并购企业 A2，还有可能在 B 国投资。当企业 A2 的研发效率较高时，A 国获得投资；当企业 A2 的研发效率较低时，A 国与 B 国都有可能获得投资，其中，当 A 国两企业的成本差异较大，或者成本差距不大且贸易成本较低时，跨国公司会到国家 A 进行投资；然而，当 A 国两企业的成本差异较小，或者成本差距不大且贸易成本较高时,跨国公司会到 B 国新建投资。(2) 如果跨国公司并购企业 A1,那么国家 A 必将对其征税;然而,若跨国公司并购企业 A2,国家 A 则给予补贴。当跨国公司在 B 国投资时,B 国的最优外资政策既可能是投资征税也可能是投资补贴,具体取决于 A 国企业的成本大小与贸易成本的高低。

表 4-1　　　　　　　　　　　模拟结果

	投资决策	约束条件	政策设置
$\alpha=4$	A1	$c<0.30$; $0.30<c<0.32$ 且 $t<t_6$	征税
	A2	$0.30<c<0.32$ 且 $t>t_6$; $c>0.32$	补贴
	B	/	/
$\alpha=8$	A1	$0.11<c<0.29$ 且 $t<t_7$; $0.29<c<0.30$ 且 $t<t_8$	征税
	A2	其他条件	补贴
	B	$c<0.11$; $0.11<c<0.29$ 且 $t>t_7$; $0.28<c<0.29$ 且 $t_7<t<t_8$; $0.28<c<0.31$ 且 $t>t_9$	征税/补贴

第三节　结论分析

本章将政策竞争、跨国公司对外直接投资的形式选择、区位选择以及地方企业的研发活动纳入同一框架内,从理论上研究它们之间的相互关系。本章构建了一个由两个国家组成的经济学模型,其中一个国家较为发达,国内有两个效率不同的企业;另一个国家相对落后,没有自己的本土企业。一个技术落后的跨国公司需要在去发达国家并购企业还是到落后国家新建投资之间进行选择。投资发生后,该公司与发达国家的企业直接或通过出口在两国市场上展开竞争。我们先后分析了在东道国企业是否进行研发情形下,跨国公司的投资选择以及东道国的政策,并且讨论了跨国公司的投资策略对于东道国企业创新动力的影响,以及政策竞争的福利效应,等等。

对外开放与企业创新：政策竞争视角

结果显示：在没有政策竞争的情况下，跨国公司既有可能并购高效率企业以获取先进技术，也可能在另一国新建投资。在存在政策竞争的情形下，跨国公司仍然在跨国并购与新建投资之间取舍，但是此时无论并购哪个企业都会为其创造相同的收益，不同的是，东道国政府对其并购高效率企业进行征税，然而，对其并购低效率企业则可能进行补贴。对于外资在本国新建投资，东道国的外资政策取决于市场竞争程度以及两国间贸易成本的大小。在企业研发效率较低的情况下，引进外资更能刺激本土企业进行创新；但是，在企业研发效率较高的情况下，接受进口反而更能激发本土企业的创新积极性。各国对于外资的竞争提升了东道国的福利以及全球总福利。

我们的结论具有比较重要的现实意义。首先，政府干预是保证一国从获得外资中受益的重要条件。相反，如果没有政策规制，跨国公司对于本国企业的并购行为有可能会恶化社会福利。但是，与目前许多国家流行的优惠政策不同，在有些情况下，东道国的最优政策应该是投资征税而不是投资补贴。其次，现实生活中，外企并购本国的"龙头企业"往往更容易引发人们对于民族品牌的关注，然而对于一般企业的归属问题却很少有人关心。但是，研究发现，针对不同的并购对象，如果东道国可以采取不同的政策，那么无论跨国公司选择并购其高效率企业还是并购其低效率企业，东道国都能从中获得收益。政府可以通过制定恰当的外资准入政策诱导跨国公司并购低效率企业而非高效率企业，并且可以确保本国福利得到改善，这会在某种程度上减少民众对于知名品牌被收购闲置的担忧。最后，从刺激本土企业技术创新的角度，积极地引进外资不失是一个较好的举措。

虽然得到了一些较有价值的结论，但不可否认，我们的结论依赖于模型假设。作者认为有必要澄清下列几个问题，以便更好地理解本章所得出的结论：第一，为了简化我们的分析，本章假设完全信息。然而，如果企业的成本信息仅自己知道，那么跨国公司在选择兼并时就比较慎重，这将会严重影响我们的结论。第二，我们所考虑的投资补贴是一次性补贴，然而，现实中存在其他政策工具，譬如出口退税、环境补贴等。进一步研究这类政策对于跨国公司投资决策以及相关国家福利的影响，构成了我们未来研究的主题。

第五章　跨国公司的投资策略与东道国的最优政策：序贯行动

　　世界各国依靠外资来加快经济的复苏，由此伴随而来的政策竞争严重影响着外资的流向。虽然目前对外直接投资的政策趋势是继续实行投资自由化及便利化以应对国家间竞争的加剧，但是为了兼顾国家的利益各国也在逐步加强对外资的管制。中国作为2009年全球第二大国际直接投资流入国，一方面根据经济发展需要，扩大开放领域，进一步完善投资环境；[①] 另一方面，为了优化公平的市场环境，于2010年12月开始对境内所有内外资企业实施统一税制，取消外资的"超国民待遇"。[②] 这种政策导向的"二元性"在世界各国呈现不断加强的趋势，而目标国招商引资政策是跨国公司制定投资决策的依据。面对新出现的投资政策环境，跨国公司应该如何制定投资策略？一国又该如何平衡贸易自由化与投资管制，以及如何在兼顾投资者利益的基础上，选择对本国最有利的国际直接投资？

　　我们在第三、四章对于上述问题进行了初步探讨，但是忽略了竞争

[①] 《国务院关于进一步做好利用外资工作的若干意见》，国发［2010］9号。

[②] 《国务院关于统一内外资企业和个人城市维护建设税和教育费附加制度的通知》，国发［2010］35号。

地位的区位效应。为了弥补以前研究的缺憾，解释现实经济中广泛存在的引资政策竞争和企业决策地位的不同，我们重点考察竞争地位、引资竞争、当地市场竞争程度如何影响跨国公司投资决策和东道国的政策设置问题。对这些问题的研究也必将给正在实施"走出去"战略的中国企业和进一步深化对外开放的中国政府一些有益的启发。

第一节　模型的基本假设

考虑一个来自第三方国家的跨国公司 M 决定以直接投资的方式实现在 A、B 两个国家的产品销售。A 国已有两个本土企业 A1 和 A2，它们生产与跨国公司完全同质的产品，但两者的生产技术以及决策顺序不同。其中，企业 A1 与跨国公司掌握着最先进的技术，不失一般性，我们假定其边际成本为零；企业 A2 的技术较为落后，边际成本为 c。B 国尚无企业生产该产品。因为没有足够的资金同时在两个国家进行直接投资（Hao and Lahiri, 2009），所以跨国公司 M 只能通过到 A 国进行跨国并购，① 或者到 B 国新建投资来实现其目的。无论跨国公司 M 在哪国投资，所有的企业都可以将产品出口到另一国家，②但是需要支付单位成本 t。尽管每种投资方式各有利弊，但是为了集中精力分析本章的问题，我们假设跨国公司无论选择哪种投资方式，所需的固定投入都相同。③因此，跨国公司 M 在制定投资决策时只需要考虑销售利润以及东

---

①　我们没有考虑跨国公司在 A 国新建投资的情况，原因有两点：一是为了集中分析跨国公司在 A 国投资时选择并购哪个企业，二是 A 国与跨国公司的母国之间仅存在较少的贸易壁垒，因此跨国并购更易发生在两国间（Nocke and Yeaple, 2007）。

②　Haufler and Wooton（1999）认为，一个跨国公司在海外投资后不仅仅供应当地市场，而且会将产品出口到附近的其他国家。

③　在其他条件相同的情况下，跨国公司倾向于选择固定投入低的投资方式，这一点是不言而喻的。

道国政府的外资政策这两方面的因素即可。

需要特别说明的是,由于跨国公司通过并购可以充分利用目标企业的资源,快速熟悉东道国的市场运作,所以,当跨国公司在 A 国投资时,并购对象的选择决定着其在市场中的竞争地位。这意味着,如果跨国公司并购领导企业,那么其将获得先行优势;但是,如果其并购的对象是跟随企业,那么它只能根据先行者的行为制定最优的市场策略。因为新建投资需要的时间较长,再者 A 国的两个企业已经存在,所以为了方便起见,我们假设如果跨国公司在 B 国新建投资,那么它只能作为跟随者在两国市场上与 A 国的企业进行产量竞争。

这里我们仍然不讨论市场规模对国际直接投资区位选择的影响,而是假定参与引资竞争的国家具有相同的市场规模,A、B 两国的市场反需求函数均为线性形式,$p_k = 1 - Q_k$,$k = A, B$,其中,p_k 为国家 k 的市场价格,Q_k 为国家 k 的市场产量。如果存在关于国际直接投资的政策竞争,那么问题的博弈时序是:第一阶段,各国政府公布外资政策以及投资补贴或投资征税的数额;第二阶段,跨国公司进行投资决策;最后,各个企业选择其最优产量在两国市场上进行序贯博弈。如果没有引资竞争,那么问题的博弈时序则只包括后两个阶段。我们采用倒推法来求解问题的均衡。在本章中,参数或数学表达式的上标表示跨国公司在 A 国并购企业(A1 或 A2)或者在 B 国新建投资,下标表示国家或企业。

第二节　高效率企业作为市场领导者

粗略的观察不难发现,企业进入市场的顺序未必与企业的效率排序相一致,如果率先进入市场的企业效率较低或者是后来进入市场的企业效率较高,那么跨国公司在选择并购目标时必须在企业效率与竞争地位之间做出取舍。在这一部分,我们首先分析企业 A1 作为市场领导者的

第五章 跨国公司的投资策略与东道国的最优政策:序贯行动

情况,为了保证每个企业都能够在两国市场上从事产品销售,贸易成本不能过大,亦即 $t \in (0, \min\{(1+c)/5, (1-5c)/2\})$。① 下面,我们逐一给出跨国公司三种投资选择的均衡结果。需要说明的是,鉴于每种投资选择对应相同的固定投入,因此在不影响我们分析的基础上,出于简化数学表达的考虑,本章中所有有关跨国公司投资后的利润都是指没有扣除固定投入的利润。

如果跨国公司并购企业 A1,则跨国公司成为了市场领导者,与跟随企业 A2 在两国市场上进行产量竞争。② 根据利润函数

$$\pi_{A2}^{A1} = (p_A - c) y_A + (p_B - c - t) y_B \tag{5.1}$$

求解企业 A2 的利润最大化问题,我们得到最佳反应函数

$$y_A = \frac{1}{2}(1 - c - x_A) \tag{5.2}$$

$$y_B = \frac{1}{2}(1 - c - t - x_B) \tag{5.3}$$

因此跨国公司的利润函数可表示为

$$\pi_M^{A1} = \left(1 - x_A - \frac{1-c-x_A}{2}\right) x_A + \left(1 - x_B - \frac{1-c-t-x_B}{2} - t\right) x_B \tag{5.4}$$

求解得到其最优产量决策

$$x_A = \frac{1+c}{2}, \quad x_B = \frac{1+c-t}{2} \tag{5.5}$$

从而,我们推算出企业 A2 的销售策略

$$y_A = \frac{1-3c}{4}, \quad y_B = \frac{1-3c-t}{4} \tag{5.6}$$

跨国公司的销售利润以及两国消费者剩余与社会福利依次为

---

① 显然,这隐含着 $c \in (0, 1/5)$,下文对命题和推论的证明中需要用到这一点。
② 我们仅对跨国公司并购企业 A1 的求解过程给出详细的说明,对于本章中的其他情况将直接给出问题的均衡解。

$$\pi_M^{A1} = \frac{(1+c)^2}{8} + \frac{(1-t+c)^2}{8}, \quad CS_A^{A1} = \frac{(3-c)^2}{32} \tag{5.7}$$

$$W_A^{A1} = \frac{13+37c^2-4t+2t^2-6c(5-2t)}{32} \tag{5.8}$$

$$W_B^{A1} = CS_B^{A1} = \frac{(3-c-3t)^2}{32} \tag{5.9}$$

如果跨国公司选择并购企业 A2，那么它会采取先进的技术与先行企业 A1 在两国市场上展开产量竞争。此时跨国公司的销售利润、两国的消费者剩余以及社会福利为

$$\pi^{A2} = \frac{1}{16} + \frac{(1-t)^2}{16}, \quad CS_A^{A2} = \frac{9}{32}, \quad W_A^{A2} = \frac{17-8t+4t^2}{32} \tag{5.10}$$

$$W_B^{A2} = CS_B^{A2} = \frac{9(1-t)^2}{32} \tag{5.11}$$

很显然，在没有政府干预的情况下，跨国公司并购企业 A1 更加有利可图。这与李长英和付红艳（2010）的结论相似，但与之不同的是，除了避免与一个高效率企业进行市场争夺之外，赢得先行优势也是跨国公司并购企业 A1 的动机之一。

如果跨国公司选择在 B 国新建投资，此时跨国公司以及企业 A2 作为市场跟随者，将根据企业 A1 的行为制定最优的销售策略。跨国公司的销售利润以及两国消费者剩余与社会福利为

$$\pi_M^B = \frac{(1+c-5t)^2}{36} + \frac{(1+c+4t)^2}{36}, \quad CS_A^B = \frac{(5-c-t)^2}{72} \tag{5.12}$$

$$W_A^B = \frac{41(1+t^2)+113c^2-26t-2c(13-5t)}{72} \tag{5.13}$$

$$W_B^B = CS_B^B = \frac{(5-c-4t)^2}{72} \tag{5.14}$$

一 无政府干预

在没有政府介入的情况下，跨国公司的最终目标就是最大化其销售

利润。前面已经指出，假如跨国公司在 A 国投资，那么它一定会并购企业 A1。因此跨国公司将根据 π_M^{A1} 与 π_M^B 的大小来选择目标国。

命题 5.1：在两国政府都不干预的情况下，$\pi_M^{A1} > \pi_M^B$，因此，跨国公司必定在 A 国投资且并购企业 A1。

命题 5.1 证明如下：

根据 $\pi_M^{A1} - \pi_M^B = \dfrac{14(1+c)^2 - t(14+14c+73t)}{72}$，不难解得 $\dfrac{\partial(\pi_M^{A1} - \pi_M^B)}{\partial t} < 0$。因为当 $t_{max} = (1+c)/5$（$0<c<1/9$）时，$\pi_M^{A1} - \pi_M^B > 0$；当 $t_{max} = (1-5c)/2$（$1/9<c<1/5$）时，$\pi_M^{A1} - \pi_M^B > 0$，所以必然有 $\pi_M^{A1} > \pi_M^B$。

如果没有政府干预，跨国公司在选择最优的投资方式时，只需要考虑市场竞争程度、企业决策顺序以及贸易成本等三个因素。相对于投资 A 国且并购 A1 而言，跨国公司投资于 B 国会引发较小的贸易量，① 这样虽然可以节省贸易成本，但是，并购企业 A1 不但可以大大缓解市场竞争，而且作为市场领导者可以率先进行产量决策，从而获得先行者优势。因为并购企业 A1 能为跨国公司创造更多的收益，所以，跨国公司必将投资于 A 国且并购企业 A1。我们的结论从某种程度上推翻了 Hao and Lahiri（2009）关于跨国公司投资于当地企业较少的国家的论断。

然而，从国家角度来看，接受外资并购本国高效率企业并非是其最优的选择。② 首先，我们来比较跨国公司在不同国家投资对 A 国福利的影响。对国家 A 而言，如果跨国公司在本国投资，就必然存在本土企业被外企兼并所产生的利润转移问题，然而跨国公司投资于 B 国不仅可以避免此类问题的发生，而且消费者也因企业数量的增多而获益，因此，跨国公司在 B 国投资将为国家 A 带来最高的社会福利。接下来，我们再比较跨国公司选择不同并购对象所产生的福利差异。与并购企业

---

① 跨国公司在 B 国建厂时的出口量小 $(1+c-5t)/6$ 于其并购 A1 时的出口量 $(1+c-t)/2$。

② Reis（2001）也认为外资的流入并不必然给东道国带来正的福利效应。

A1 相比，如果跨国公司通过并购企业 A2 进入 A 国，尽管市场上仍然只有两个企业相互竞争，但是外资的进入带来了技术的提升，从而加剧了市场的竞争，进而提升了 A 国消费者的收益，与此同时只有较少的利润被跨国公司转移至海外，因此国家 A 更愿意看到外资并购本国低效率企业，此时社会福利相对较高。这很好地解释了为什么跨国公司并购"龙头"企业常常遭到当地政府的拒绝。

二 存在政策竞争

在开始下面的分析之前，我们有必要对政策竞争的含义给予说明。政策竞争是指两国为了吸引国际直接投资而进行的相互博弈，在政策竞争条件下，一个国家在制定外资政策时不仅要考虑外资流入为其创造的可能收益，而且要充分认识到跨国公司投资于另一国所产生的可能结果，均衡政策最终由两个国家相互竞价而内生决定。如果不考虑政策竞争，那么一个国家从吸引国际直接投资中获得的收益为 $w_i = W_k^i - W_k^j$（i，$j = A1$，$A2$，B，$i \neq j$），这也是一个国家为了吸引外资所愿意给予的最大优惠。因此，跨国公司在该国投资所能够获得的最大收益是 $\pi_i^{max} = \pi_M^i + w_i$。为了吸引（限制）外资的流入，该国的政策激励是 $s_i^{min} = \pi_j^{max} - \pi_m^i$。因此，当存在政策竞争时，东道国从获得国际直接投资中赚取的净收益是 $w_i - s_i^{min}$。然而，一个国家只有在其获得外资后的收益 w_i 超过其支出 s_i^{min} 的条件下才有动机参与国际直接投资竞争。①

因为 $w_{A1} - s_{A1}^{min} < w_{A2} - s_{A2}^{min}$，所以有

$$w_B - s_B^{min} = -(w_{A2} - s_{A2}^{min}) = \frac{1}{288}[421t^2 + 10 + 472c^2 - 56c(2-t) - 10t] \quad (5.15)$$

---

① 这意味着，最终获得外商直接投资的国家，其净收益必然为正值，即外资流入必然会提升东道国的福利。因此，我们就不再讨论政策竞争情况下东道国的福利效应问题。

第五章　跨国公司的投资策略与东道国的最优政策：序贯行动

命题 5.2：若存在政策竞争，跨国公司一定会投资于 B 国。

命题 5.2 证明如下：

整理得到 $w_B - s_B^{\min} = \frac{1}{288}\left[421\left(t+\frac{28c-5}{421}\right)^2 + 10 - 112c + 472c^2 - \left(\frac{5-28c}{421}\right)^2\right]$。因为当 $0<c<\frac{1}{5}$ 时，$10-112c+472c^2-\left(\frac{5-28c}{421}\right)^2>0$，所以有 $w_B-s_B^{\min}>0$。

对 A 国来说，一方面，因为企业 A1 的效率较高，并且拥有先行者优势，所以跨国公司并购企业 A1 给本国造成非常大的利益损失；另一方面，如果跨国公司并购企业 A2，那么它既会抢夺企业 A1 的部分市场份额又会转移原本属于企业 A2 的利润，从而恶化本国的社会福利。因此，在政策竞争条件下，A 国政府必定征收重税以阻止外资流入。然而，B 国却有动机引进外资。这是因为，相对于接受进口，引进外资更能激化 B 国的市场竞争，并且 B 国没有本土企业，不存在利润转移效应，所以外资流入一定会改善 B 国的福利。国家 B 通过参与国际直接投资竞争不仅为自身获得跨国投资创造了条件，而且也因外资流入而受益。

我们已经分析了政策竞争对于跨国公司投资选择的影响，接下来我们探讨东道国的引资政策。根据前文的说明，我们可以推算出国家 B 的政策激励

$$s_B^{\min} = \frac{1}{96}\left[3-156c^2+8c(3-t)+4t-146t^2\right] \quad (5.16)$$

定义 $s_B^{\min}=0$ 所对应的单位贸易成本为 t_1。

推论 5.1：当 $t<t_1$[①] 时，国家 B 的引资政策是投资补贴；然而，当 $t>t_1$ 时，国家 B 的均衡政策是投资征税。

推论 5.1 证明如下：

---

① 本章的参数取值请参见附录 C。

当 $t=t_1$ 时，$\dfrac{\partial s_B^{min}}{\partial t}=-\dfrac{\sqrt{442+3488c-22760c^2}}{48}<0$。因此，当 $t<t_1$ 时，$s_B^{min}>0$；反之，当 $t>t_1$ 时，$s_B^{min}<0$。

图 5-1 给出了国家 B 的政策选择。下标 S（T）表示补贴（征税）。在区域 I 内，国家间的贸易成本较高，跨国公司在 B 国投资会节省大量的贸易成本；并且，为了避免福利损失，国家 A 必然对跨国公司的并购行为进行征税，这无疑会增加国家 B 的吸引力，此时国家 B 作为一个较为强势的竞价方，采取投资征税就可以成功引进外资，获得正的净收益。在区域 II 内，贸易成本较低，跨国公司投资于 B 国的贸易成本节省效应较弱，因此其投资于 B 国的动力降低，此时国家 B 为了提升本国消费者的收益，就必须依靠投资补贴政策来吸引外资。

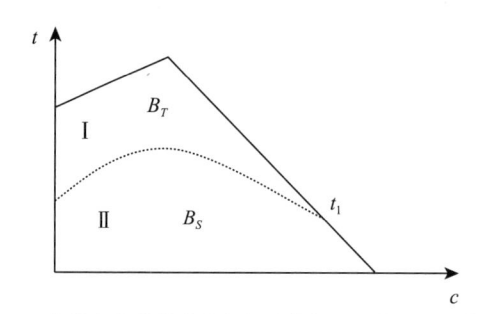

图 5-1　高效率企业作为市场领导者情况下各国的引资政策

第三节　低效率企业作为市场领导者

在这一部分，我们讨论低效率企业 A2 作为市场领导者的情况。为了保证每个企业都能够在两个国家销售产品，我们假设 $t \in (0, \min\{(1+3c)/5, (1-3c)/2\})$。这里，我们直接列出三种投资选择的均衡解。

如果跨国公司并购企业 A1，那么它是一个市场跟随者。此时跨国公司的销售利润、两国消费者剩余与社会福利为

第五章 跨国公司的投资策略与东道国的最优政策：序贯行动

$$\pi_M^{A1} = \frac{(1+2c)^2}{16} + \frac{(1+2c-t)^2}{16} \tag{5.17}$$

$$CS_A^{A1} = \frac{(3-2c)^2}{32} \tag{5.18}$$

$$W_A^{A1} = \frac{17+36c^2-8t+4t^2-4c(11-4t)}{32} \tag{5.19}$$

$$W_B^{A1} = CS_B^{A1} = \frac{(3-6c-7t)^2}{32} \tag{5.20}$$

如果跨国公司并购企业 A2，那么并购后跨国公司作为市场领导者与企业 A1 展开产量竞争。跨国公司的销售利润以及两国的消费者剩余与社会福利如下所示

$$\pi_M^{A2} = \frac{1}{8} + \frac{(1-t)^2}{8} \tag{5.21}$$

$$CS_A^{A2} = \frac{9}{32} \tag{5.22}$$

$$W_A^{A2} = \frac{13-4t+2t^2}{32} \tag{5.23}$$

$$W_B^{A2} = CS_B^{A2} = \frac{9(1-t)^2}{32} \tag{5.24}$$

如果跨国公司在 B 国新建投资，那么它将与企业 A1 作为市场跟随者，与企业 A2 进行产量竞争，其销售利润以及两国的消费者剩余与社会福利为

$$\pi_M^B = \frac{(1+3c-5t)^2}{36} + \frac{(1+3c+4t)^2}{36} \tag{5.25}$$

$$CS_A^B = \frac{(5-3c-t)^2}{72} \tag{5.26}$$

$$W_A^B = \frac{41+41t^2+153c^2-26t-6c(13-5t)}{72} \tag{5.27}$$

$$W_B^B = CS_B^B = \frac{(5-3c-4t)^2}{72} \tag{5.28}$$

一 无政府干预

在没有政策干预的条件下，跨国公司的目标就是获取尽可能多的利润。$\pi_M^{A2} > \pi_M^B$ 意味着跨国公司一定不会投资于 B 国。根据

$$\pi_M^{A1} - \pi_M^{A2} = \frac{4c(2+2c-t) - 2+2t-t^2}{16} \quad (5.29)$$

不难推知跨国公司并购任一企业都无差异（$\pi_M^{A1} = \pi_M^{A2}$）时的贸易成本 t_2。

命题 5.3：当 $t<t_2$ 时，跨国公司并购企业 A2；当 $t>t_2$ 时，跨国公司并购企业 A1。

命题 5.3 证明如下：

当 $t=t_2$ 时，$\dfrac{\partial(\pi_M^{A1} - \pi_M^{A2})}{\partial t} = \dfrac{\sqrt{12c^2+4c-1}}{8} > 0$。因此，当 $t<t_2$ 时，$\pi_M^{A1} < \pi_M^{A2}$；当 $t>t_2$ 时，$\pi_M^{A1} > \pi_M^{A2}$。

在无政府介入的情况下，相对于投资 A 国而言，虽然跨国公司在 B 国投资可以节省贸易成本，但是，并购企业 A1 可以避免与高效率企业争夺市场利润，并购企业 A2 可以占据先行者优势。成本节约效应不仅弱于市场竞争效应，而且也低于先行决策效应，因此，跨国公司一定不会投资于 B 国。跨国公司并购企业 A2 可以获取先行优势，然而，并购企业 A1 却不仅可以节省贸易成本，① 而且能够避免与高效率企业之间的竞争。所以，国家间的贸易成本越大，并购企业 A1 所造成的市场竞争相对越弱，跨国公司越倾向于并购企业 A1；反之，贸易成本越小，跨国公司越有动机并购企业 A2。

无论跨国公司选择哪个企业作为并购对象，跨国公司的"国外"

---

① 跨国公司并购 A1 时的出口量 $(1+2c-t)/4$ 小于其并购 A2 时的出口量 $(1-t)/2$。

属性都将产生利润转移效应。因此，对于 A 国而言，接受进口要严格优于引进外资。但是，由于此时低效率企业 A2 拥有先行优势，我们不能盲目地认定跨国公司并购高效率企业一定会对东道国造成最大的福利损失。比较并购情形下 A 国的福利水平，有

$$W_A^{A1} - W_A^{A2} = \frac{1}{16}\left[2-2t+t^2-2c(11-9c-4t)\right] \quad (5.30)$$

命题 5.4：如果国家间的贸易成本较低，那么相对于企业 A2 被并购而言，跨国公司并购企业 A1 反而会为 A 国带来较高的社会福利。

命题 5.4 证明如下：

通过令 $W_A^{A1} = W_A^{A2}$，我们很容易推算出 $t = \tilde{t} = 1-4c-\sqrt{14c-2c^2-1}$。因为 $\frac{\partial (W_A^{A1} - W_A^{A2})}{\partial t}\big|(t=\tilde{t}) = -\frac{\sqrt{14c-2c^2-1}}{8} < 0$，所以，当 $t<\tilde{t}$ 时，$W_A^{A1} > W_A^{A2}$，跨国公司并购企业 A1 对 A 国更有利；当 $t>\tilde{t}$ 时，$W_A^{A1} < W_A^{A2}$，跨国公司并购企业 A2 会为 A 国带来相对较高的社会福利。

这是一个非常有趣的结论。这表明，对东道国而言，外资并购本国高效率企业有时要优于外资并购本国低效率企业。这是因为，尽管 A 国的消费者因企业 A2 被并购而获益较多，但是，跨国公司因此而获得先行优势，这不仅会转移原本属于企业 A2 的利润，而且还抢占了企业 A1 的部分利润。当贸易成本较高时，市场竞争效应起主导作用，跨国公司并购企业 A2 对 A 国更有利；然而，当贸易成本较低时，跨国公司并购企业 A2 的利润转移更大，并且超过了消费者剩余的增加程度，从而导致 A 国的社会福利较低，此时跨国公司并购企业 A1 反而会为 A 国带来相对较高的社会福利。

二 存在政策竞争

沿用前面的分析思路，我们研究在政策竞争条件下，跨国公司的投资选择以及东道国的最优政策等问题。因为 $w_{A2} - s_{A2}^{\min} > w_{A1} - s_{A1}^{\min}$，所以跨

国公司一定不会并购企业 A1，只会在并购企业 A2 与投资 B 国之间进行取舍。这意味着

$$w_B - s_B^{\min} = -(w_{A2} - s_{A2}^{\min}) = \frac{1}{288}\left[10 + 792c^2 + 421t^2 - 168c(2-t) - 10t\right] \quad (5.31)$$

求解 $w_B = s_B^{\min}$ 得到 t_3 和 t_4。

命题 5.5：在政策竞争情况下，当 $t<t_3$ 或 $t>t_4$ 时，跨国公司在 B 国投资；但是，当 $t_3<t<t_4$ 时，跨国公司并购企业 A2。

命题 5.5 证明如下：

当 $t=t_3$ 时，$\dfrac{\partial(w_B - s_B^{\min})}{\partial t} = -\dfrac{\sqrt{5208c - 12088c^2 - 155}}{16\sqrt{3}} < 0$；当 $t=t_4$ 时，

$\dfrac{\partial(w_B - s_B^{\min})}{\partial t} = \dfrac{\sqrt{5208c - 12088c^2 - 155}}{16\sqrt{3}} > 0$。因此，当 $t<t_3$ 或 $t>t_4$ 时，$w_B > s_B^{\min}$；当 $t_3<t<t_4$ 时，$w_B < s_B^{\min}$。

对比命题 5.5 与命题 5.2 的结论，不难发现，无论企业 A1 的竞争地位如何，跨国公司并购企业 A1 都会给 A 国造成巨大的福利损失，因此，在政策竞争条件下，A 国政府总能通过高税收政策来迫使跨国公司放弃并购其高效率企业。但不同的是，当企业 A1 作为市场领导者时，跨国公司必定投资于 B 国。然而，当企业 A1 作为跟随者时，跨国公司有两种选择：并购企业 A2 和在 B 国新建投资。之所以会出现并购企业 A2 的可能，是因为跨国公司并购企业 A2 可以赢得先行决策的优势，在一定条件下，这会增加跨国公司的收益。

鉴于跨国公司既可能到 A 国并购企业 A2，也可能到 B 国设厂，我们就分别讨论 A、B 两国的外资政策。因为 $s_{A2}^{\min}<0$，所以针对跨国公司并购企业 A2，国家 A 的均衡政策是投资征税。但是，B 国的政策倾向与国家间贸易成本的大小有着直接的关系。$s_B^{\min}$ 存在正负两种可能，因此 B 国的最优政策既可能是投资补贴又可能是投资征税。详细情况见推论 5.1。

第五章 跨国公司的投资策略与东道国的最优政策：序贯行动

推论 5.1：在两国进行引资竞争的情况下，

(1) A 国的均衡政策是投资征税。

(2) 当 $t<t_5$ 时，国家 B 的均衡政策是投资补贴；然而，当 $t>t_5$ 时，国家 B 的均衡政策是投资征税。

推论 5.1 证明如下：

(1) 因为 $W_A^{A2}<W_A^B$，所以 $w_{A2}=W_A^{A2}-W_A^B<0$。这表示，针对跨国公司并购企业 A2 的行为，国家 A 的均衡政策一定是投资征税，即 $s_{A2}^{\min}<w_{A2}<0$。

(2) 由 $s_B^{\min}=\dfrac{1}{96}[3-252c^2+24c(3-t)+4t-146t^2]$，可以推算出 $s_B^{\min}=0$ 对应的单位贸易成本为 t_5。当 $t=t_5$ 时，$\dfrac{\partial s_B^{\min}}{\partial t}=-\dfrac{1}{24}\sqrt{\dfrac{221}{2}+2616c-9162c^2}<0$。因此，当 $t<t_5$ 时，$s_B^{\min}>0$；当 $t>t_5$ 时，$s_B^{\min}<0$。

图 5-2 给出了 A、B 两国的均衡政策。在区域 I 内，国家间的贸易成本较高，跨国公司在 B 国投资的贸易总成本较低，① 虽然跨国公司并购 A2 会赚取较高的销售利润，但是 A 国为了防止外资的流入，实施了高税收政策，因此，B 国在外资竞争中取得优势，其均衡的政策是投资征税。在区域 II 内，两国都有较强的引资动机，由于跨国公司在 A 国投资的市场利润相对较高，所以国家 B 的引资政策必然是投资补贴。在区域 III 内，贸易成本较低，此时，对跨国公司而言，尽管在 B 国投资会节省少量的贸易成本，但是并购 A2 却可以获得很高的市场利润，国家 A 在与 B 国争夺外资的竞争中占据较为强势的地位，所以其最优的引资政策是投资征税。

---

① 跨国公司在 B 国建厂时的出口量 $(1+3c-5t)/6$ 小于其并购 A2 时的出口量 $(1-t)/2$。

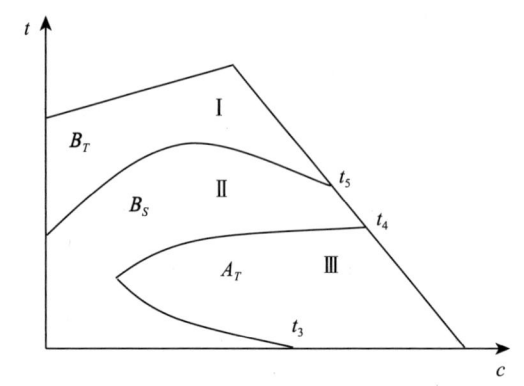

图 5-2　低效率企业作为市场领导者情况下各国的引资政策

第四节　结论分析

结合企业的市场地位以及生产效率差异，分析了引资竞争对于跨国公司投资选择的影响以及东道国的最优外资政策。分析发现：第一，当高效率企业兼具先行优势时，若无政府干预，那么跨国公司必定并购高效率企业，这将恶化东道国的福利；然而，若存在引资竞争，那么跨国公司将转而选择在另一个国家新建投资。第二，当低效率企业先行决策时，若无政府介入，跨国公司既可能并购高效率企业也可能并购低效率企业，此时东道国因外资流入而福利下降，并且与低效率企业被并购的情形相比，高效率企业被并购可能会给东道国带来较高的福利；一旦存在政策竞争，跨国公司只会在并购低效率企业与在另一国新建投资之间选择。总而言之，无论企业之间的市场地位如何，在没有政策竞争的情况下，跨国公司都不会进行新建投资，政策竞争增强了跨国公司新建投资的意愿。第三，跨国公司的并购行为一定会被征税，但是，其新建投资行为却可能赢得东道国的补贴优惠。①

---

①　即使进行海外投资的跨国公司本身并无技术优势，其投资决策以及东道国的政策制定仍然具有类似的特点。

第五章 跨国公司的投资策略与东道国的最优政策:序贯行动

虽然目前很多国家出台各种优惠政策以吸引跨国公司在本国新建投资,但是由于外资并购不仅会转移东道国企业的利润,而且会蚕食目标企业的品牌,所以各国政府对于外资并购的审批非常谨慎。然而,研究发现,东道国可以通过投资征税政策迫使外企放弃并购本国"龙头"企业,这不仅避免了因拒绝外资并购而引发的外交反应,而且可以确保东道国从高质量外资并购本国"一般"企业中获益。并且,即使没有政府介入,对东道国而言,接受外资并购本国"龙头"企业有时未尝不是一个明智的选择。

需要指出的是,这里假定地方企业也能够从事出口贸易。不可否认,现实中很多企业由于资金不足或政策限制等原因不能进行出口贸易。在地方企业不能出口的情况下,我们的结论只会略有变化。具体而言,当低效率企业是市场领导者且不存在政府干预时,三种投资方式都可能成为跨国公司的最优选择;在其他情形下,本章的结论依旧成立。

第六章　跨国并购的对象选择：交易价格内生化

数据显示，全球 85% 的产业转移与 92% 的技术转移是借助并购来实现的。目前中国迫于产业转型升级、消化过剩产能的现实需要，无论民企还是国企都纷纷投资海外。*World Investment Report*（2014）指出，"2013 年中国对外直接投资流出量增长 15%，达到 1010 亿美元，主要由发达国家的大宗交易所驱动。"其中跨国并购已经成为近十年来中国企业进行对外投资的重要方式，然而，中国海外并购成功率相比发达国家仍然很低，海外并购的高风险令不少企业损失惨重。与此同时，跨国并购还常常受到东道国投资政策的规制。根据 *World Investment Report*（2014）公布的最新数据，在 2013 年，59 个国家和经济体采用了 87 种投资政策，其中管制性政策比重进一步由 25% 上升至 27%。事实上，现实中不乏跨国并购因东道国政府干预而以失败告终的例子，如 2005 年美国以危害国家"能源安全"和"经济安全"为由，否决了中海油对优尼科公司的收购议案；2009 年中国铝业公司并购力拓公司的失败也被怀疑受到政府的阻挠。

跨国并购作为现实中的热点问题也受到学术界的广泛关注，相关的研究成果有很多。主要关注并购的动机、决定因素以及跨国并购对利益相关者的影响。既有研究不仅有非常重要的理论价值,而且对跨国公司的投资实践和政府的招商引资政策的制定也有很强的指导意义。然而,这类研究没有说明东道国的投资政策如何影响跨国公司的并购目标选择,显然,不能很好地解释现实经济中政策与跨国公司并购决策的互动机制。不可否认,跨国并购行为不仅会转移东道国企业的利润,而且因购买、闲置目标企业的品牌,造成对地方品牌的蚕食。这一系列的负面效应招致很多国家限制或阻止外资的流入。在中国企业海外并购持续活跃与政府强化对外资干预的现实背景下,系统研究跨国公司在企业间的并购选择,以及对东道国的福利影响与东道国的投资政策问题就显得十分必要。并且,从企业异质性、交易成本角度探讨跨国并购对象选择的理论研究仍不多见。

然而,现实经济中交易价格是并购谈判中双方最关心、最敏感的问题,严重影响跨国公司的投资决策。而且一般而言,并购不同企业的交易价格会有很大差异。为了尽可能地贴近现实,本章放松这一假定,并将并购的交易价格内生化,分别基于东道国企业在生产效率、产品质量存在差异的不同假设下,构建经济学模型来研究企业间的技术差距如何影响跨国公司并购对象的选择。鉴于跨国公司的并购行为不仅关乎着自身的经济利益,而且对东道国的福利施加影响,可能遭受到来自东道国的政策干预。为此,本章进一步分析跨国并购对东道国福利的影响,进而探讨在何种情况下东道国应该借助反垄断调查阻止恶意并购问题。

第一节 并购对象的生产效率不同

在国家 H 中,有两个生产同质产品但生产效率不同的企业,称为企业 1 和企业 2,边际成本分别为 c_1、c_2,它们面临的市场需求函数为 $p=a-Q$。一个跨国公司 M 有意到国家 H 并购企业,较之两个企业,跨国公司有较高的生产效率,不失一般性假设它的边际成本为零。一旦企业被并购,跨国公司将其先进的技术应用到合并产生的新企业中,使得新企业生产成本降为零。并购的交易价格由被并购方的保留收益决定。以并购企业1为例,跨国公司支付的并购费用就等于跨国公司并购企业2时企业1所获得的收益。这里考虑的是跨国并购一定发生,只是选择哪个企业作为并购目标,因此被并购方的保留收益即为跨国公司并购竞争对手时所获得的利润。在下文的表述中,参数或数学表达式中的上标代表跨国公司的并购选择,下标代表企业的名称。以 $c_1>c_2>0$ 为例,根据并购发生后市场结构的不同,分三种情况逐一进行分析①。

一 寡头竞争

当两家企业的生产效率都不太低时,即 $c_2<c_1<a/2$,此时无论跨国公司并购哪个企业,最终市场上都是双寡头竞争。如果跨国公司选择企业1作为并购对象,那么跨国公司和企业2的利润最大化问题可表述为

$$\max\ (a-q_M-q_2)\ q_M \tag{6.1}$$

$$\max\ (a-q_M-q_2-c_2)\ q_2 \tag{6.2}$$

求解得到均衡产出以及消费者剩余为

$$q_M^1=\frac{1}{3}\ (a+c_2) \tag{6.3}$$

$$q_2^1=\frac{1}{3}\ (a-2c_2) \tag{6.4}$$

$$CS^1=\frac{1}{18}(2a-c_2)^2 \tag{6.5}$$

如果跨国公司选择企业2作为其并购标的,则企业1和跨国公司的利润最大化问题为

$$\max\ (a-q_1-q_M-c_1)\ q_1 \tag{6.6}$$

$$\max\ (a-q_1-q_M)\ q_M \tag{6.7}$$

---

① 为免赘述,部分推导过程未在书中列出,如有需要可向作者索要。

均衡产出、利润以及消费者剩余为

$$q_1^2 = \frac{1}{3}(a-2c_1) \tag{6.8}$$

$$q_M^2 = \frac{1}{3}(a+c_1) \tag{6.9}$$

$$CS^2 = \frac{1}{18}(2a-c_1)^2 \tag{6.10}$$

根据前面对于交易价格的定义,将均衡产出代入企业的利润函数中,可以推算出跨国公司并购企业 1、企业 2 的净收益

$$\Pi_M^1 = \pi_M^1 - \pi_1^2 = \frac{1}{9}\left[(a+c_2)^2 - (a-2c_1)^2\right] \tag{6.11}$$

$$\Pi_M^2 = \pi_M^2 - \pi_2^1 = \frac{1}{9}\left[(a+c_1)^2 - (a-2c_2)^2\right] \tag{6.12}$$

比较两种并购选择的收益

$$\Pi_M^1 - \Pi_M^2 = \frac{1}{9}(2a-5c_1-5c_2)(c_1-c_2) \tag{6.13}$$

命题 6.1:当 $c_2+c_1<5a/2$ 时,跨国公司并购企业 1;当 $5a/2<c_2+c_1<a$ 时,跨国公司并购企业 2。

这是一个有趣的发现,跨国公司根据自身相较于备选对象的生产效率优势加总的大小选择并购对象。当技术优势非常显著时,跨国公司会选择并购生产效率略高的企业;反之,如果技术优势不明显,跨国公司的最优投资决策是并购生产效率低下的企业。背后的经济学含义很容易理解:对跨国公司而言,并购一家效率略低于自身的企业,必定以支付高并购价格为代价,但是并购完成后因与较弱的竞争对手争夺市场而获得较高的市场占有率。所以,跨国公司会在节约并购成本与增加市场占有率之间权衡取舍,选择最佳的并购方式。当跨国公司具有非常大的技术优势时,它倾向于以高价并购相对较强的企业以消除一个较强的竞争对手,尽管为此付出较高的成本,但却获取非常高的市场份额;然而,当技术优势并不明显时,跨国公司倾向于以低价收购与自身技术差距较

大的企业,尽管这会遭遇更激烈的竞争。

鉴于跨国公司的利润被其转移至母国,不会给东道国带来福利的改进,所以东道国的社会福利等于本国企业的利润、企业被收购的所得和消费者剩余之和。由此得到两种情形下东道国的社会福利

$$W^1 = \frac{1}{18} \left[8 \left(a^2 - ac_1 + c_1^2 \right) + 9c_2^2 - 12ac_2 \right] \quad (6.14)$$

$$W^2 = \frac{1}{18} \left[8 \left(a^2 - ac_2 + c_2^2 \right) + 9c_1^2 - 12ac_1 \right] \quad (6.15)$$

经过简单推算后即可得到

$$W^1 - W^2 = \frac{1}{18} (4a - c_1 - c_2)(c_1 - c_2) > 0 \quad (6.16)$$

这意味着,外资并购企业 1 对东道国更有益。由命题 6.1 知,当东道国企业生产效率不过于低下时,若没有政府介入,跨国公司并购企业 1,这种并购方式给东道国带来较高的福利。然而,当东道国企业生产效率远低于跨国公司时,跨国公司一定并购企业 2,可是从保护本国国民福利的角度,东道国更希望跨国公司并购企业 1,这促使东道国有动机对跨国公司的并购行为进行干预。确切地说,东道国只有为跨国公司并购企业 1 提供更具吸引力的政策,才会改变跨国公司的并购决策。这里,假定东道国不介入跨国公司与企业 2 的并购活动,但是对于并购企业 1 给予跨国公司政策激励。为了实现通过政策倾斜达到改变跨国公司并购决策的目的,要求最低的补贴数量为 $s = \Pi_M^2 - \Pi_M^1$。这意味着,跨国公司并购企业 2 时东道国的净福利为

$$W = W^1 - s = \frac{1}{18} (8a^2 - 12ac_1 + 18c_1^2 - 8ac_2 - c_2^2) \quad (6.17)$$

但是政策干预是否一定能够为东道国带来福利的提升呢?这需要进一步比较($W^1 - s$)与 W^2 的大小。只有前者大于后者,东道国才有动机采取补贴政策来吸引跨国公司并购企业 2,从而获得福利的改善;反之,东道国应不干预,因为干预的代价是损害国民福利。经过对比,不

难发现

$$W - W^2 = \frac{1}{2}(c_1^2 - c_2^2) > 0 \tag{6.18}$$

推论 6.1：跨国公司并购企业 1 对东道国更有益，此时东道国有动机向跨国公司进行政策补贴以引导其并购企业 1。

当东道国企业普遍效率低下时，跨国公司为了在未来的竞争中占据更大的技术优势，倾向于并购当地的高效率企业。显然，这与东道国的意愿不符，这是因为，与跨国公司收购低效率企业相比，此类并购不仅损害本国消费者的利益，而且也会降低本国企业的竞争力。出于保护本国利益的考虑，东道国就跨国公司并购本国低效率企业行为提供补贴激励，政策干预的结果是跨国公司改变投资策略，东道国福利得到改进。

二 寡头竞争与垄断独占

当两家企业的生产效率差异较大时，即 $c_2 < a/2 < c_1$，此时如果没有政策介入，并购企业 1 的结果与前文完全相同。但是跨国公司并购企业 2 将会造成垄断独占，企业 1 被挤出市场。垄断对应的均衡利润以及消费者剩余为

$$\pi_1^2 = 0 \tag{6.19}$$

$$\pi_M^2 = \frac{a^2}{4} \tag{6.20}$$

$$CS^2 = \frac{a^2}{8} \tag{6.21}$$

此时跨国公司并购企业 1、企业 2 对应的净收益是

$$\Pi_M^1 = \pi_M^1 - \pi_1^2 = \frac{1}{9}(a + c_2)^2 \tag{6.22}$$

$$\Pi_M^2 = \pi_M^2 - \pi_2^1 = \frac{a^2}{4} - \frac{1}{9}(a - 2c_2)^2 \tag{6.23}$$

比较两种并购选择的收益有

$$\Pi_M^1 - \Pi_M^2 = -\frac{1}{36}(a-2c_2)(a+10c_2) < 0 \qquad (6.24)$$

命题 6.2：跨国公司并购企业 2 以获得垄断利润。

对跨国公司而言，并购企业 1 尽管成本较低，但盈利少；并购企业 2 的代价虽高，但可以垄断东道国的市场。市场垄断效应大于成本节约效应，因此跨国公司的最优选择是并购企业 2 以获取垄断利润。

基于前文的计算结果，很容易就可推算出两种并购选择下东道国的社会福利是

$$W^1 = \frac{1}{6}(2a^2 + 3c_2^2 - 4ac_2) \qquad (6.25)$$

$$W^2 = \frac{a^2}{8} + \frac{1}{9}(a-2c_2)^2 \qquad (6.26)$$

比较两种并购选择下东道国的社会福利

$$W^1 - W^2 = \frac{1}{72}(a-2c_2)(7a-2c_2) > 0 \qquad (6.27)$$

推论 6.2：跨国公司并购企业 2 会增加东道国福利，东道国有动机限制垄断本国市场的跨国并购活动。

与跨国公司的并购偏好不同，东道国希望外资并购企业 1 以避免外资垄断本国市场。从东道国来看，外资进入虽然会带来最新的技术，这有助于降低市场价格、造福消费者，但是并购本国高效率企业造成市场垄断与更高的利润转移，其结果是导致较低的福利水平。为了维护本国利益，东道国有动机以反垄断调查为由拒绝跨国公司的并购申请。

三　垄断独占

当东道国的技术水平非常落后时，即 $a/2 < c_2 < c_1$，如果没有政策介入，此时由于东道国企业效率太过低下，跨国并购一定会造成行业垄断，并且两种情形下的均衡结果完全相同，即企业产出以及利润为

第六章　跨国并购的对象选择：交易价格内生化

$$q_M^1 = q_M^2 = \frac{a}{2} \tag{6.28}$$

$$\pi_M^1 = \pi_M^2 = \frac{a^2}{4} \tag{6.29}$$

此时跨国并购成本为零，跨国并购的净收益就等于其进入东道国市场后获得的销售利润，东道国的社会福利即为本国的消费者剩余

$$W^1 = CS^1 = \frac{a^2}{8} \tag{6.30}$$

$$W^2 = CS^2 = \frac{a^2}{8} \tag{6.31}$$

命题 6.3：跨国公司并购任何企业都可以无偿获得垄断利润，对东道国而言也并无差异。

其中的原因非常容易理解，因为此时跨国公司无论并购哪个企业都必定会形成市场垄断，这表示企业 1 和企业 2 都面临着被兼并或破产的窘境。换言之，它们的保留收益都为零，并购所产生的垄断利润被跨国公司独占。对于东道国而言，本国企业被并购的结果就是外资垄断本国市场，因此，东道国可以考虑从反垄断的角度来说明外资并购触犯了反垄断法，对这样的并购行为加以制止。

总的来看，当且仅当并购不会助其实现垄断时，跨国公司才有可能并购效率低的企业。否则，一定会并购高效率企业，这对东道国不利。对于外资垄断本国市场的并购活动，很容易引发东道国的反垄断调查。源于此为了降低并购的失败率，建议跨国公司并购一些相对较弱的企业来开拓国际市场。

第二节　并购对象生产不同质量的产品

这部分考察跨国公司面对生产产品存在质量差异的企业，如何制定并购决策问题。基本假设与上一节相同，不同的是企业 1 和企业 2 分别

生产产品1和产品2，单位产品的生产成本都为 c。跨国公司掌握的技术，一旦应用到两种产品的生产上将使产品的边际成本变为零，但是不改变产品的质量。消费者的效用函数为

$$U = \begin{cases} \theta s_i - p_i & \text{如果购买第 } i \text{ 种产品} \\ 0 & \text{如果不购买} \end{cases}, \quad i = 1, 2 \quad (6.32)$$

s_i 表示产品 i 的质量，不妨设产品1的质量水平为 $s_1 = s > 1$，产品2的质量标准化为1，即 $s_2 = 1$；p_i 表示产品 i 的市场价格。θ 反映消费者对质量的偏好，均匀分布在 [0，1] 之间。每个消费者至多购买一单位产品，消费者总数为1。并购的交易价格仍然是由被并购方的保留收益决定。根据并购后的市场结构不同分三种情况讨论。

一 产品差异化竞争

分析 $(s-1)/(2s-1) < c < 2s(s-1)/(2s-1)$ 的情况。此时无论哪个企业被并购，最终市场结构是销售差异产品的寡头市场。购买产品1或产品2无差异的消费者，其偏好由下式决定

$$\theta - p_2 = \theta s - p_1 \Leftrightarrow \tilde{\theta} = \frac{p_1 - p_2}{s - 1} \quad (6.33)$$

偏好参数高于 $\tilde{\theta}$ 的消费者购买高质量产品，而偏好参数满足 $p_2 \leq \theta < \tilde{\theta}$ 的消费者购买低质量产品，从而有两种产品的市场需求分别为

$$q_1(p_1, p_2) = 1 - \frac{p_1 - p_2}{s - 1} \quad (6.34)$$

$$q_2(p_1, p_2) = \frac{p_1 - p_2}{s - 1} - p_2 \quad (6.35)$$

首先，分析并购企业1的均衡解。求解跨国公司和企业2的利润最大化问题，即可得到市场价格、边际消费的偏好与企业利润为

$$p_1^1 = \frac{s(2 - c - 2s)}{1 - 4s} \quad (6.36)$$

第六章 跨国并购的对象选择：交易价格内生化

$$p_2^1 = \frac{1-s-2cs}{1-4s} \tag{6.37}$$

$$\tilde{\theta}^1 = \frac{1-(3+c)s+2s^2}{1-5s+4s^2} \tag{6.38}$$

$$\pi_M^1 = \frac{s^2(2-c-2s)^2}{(1-4s)^2(s-1)} \tag{6.39}$$

$$\pi_2^1 = \frac{s[1-s+c(2s-1)]^2}{(1-4s)^2(s-1)} \tag{6.40}$$

将上述结果代入消费者剩余的计算公式里即可得到

$$U^1 = \int_{p_2^1}^{\tilde{\theta}^1}(\theta - p_2^1)d\theta + \int_{\tilde{\theta}^1}^{1}(\theta s - p_1^1)d\theta$$

$$= \frac{s^2[s+4s^2+c^2(4s-3)-5-8c(s-1)]}{2(1-4s)^2(s-1)} \tag{6.41}$$

同理可以推算出并购企业 2 的均衡解

$$\pi_1^2 = \frac{[c-2cs+2(s-1)s]^2}{(1-4s)^2(s-1)} \tag{6.42}$$

$$\pi_M^2 = \frac{s(c+s-1)^2}{(1-4s)^2(s-1)} \tag{6.43}$$

$$U^2 = \frac{s[c^2(4s-3)+c(2+6s-8s^2)+s(s+4s^2-5)]}{2(1-4s)^2(s-1)} \tag{6.44}$$

基于交易价格的定义，可以推算出跨国公司并购企业 1、企业 2 的净收益

$$\Pi_M^1 = \pi_M^1 - \pi_1^2 = \frac{c(4s-c)(3s-1)}{(1-4s)^2} \tag{6.45}$$

$$\Pi_M^2 = \pi_M^2 - \pi_2^1 = \frac{4(1-c)cs^2}{(1-4s)^2}① \tag{6.46}$$

比较两种并购选择的收益

---

① 需要说明的是，当 $c>1$ 时，$\Pi_M^2<0$，这意味着跨国公司并购企业 2 将遭受损失，因此它一定不会并购企业 2。

$$\Pi_M^1 - \Pi_M^2 = \frac{c\left[c\left(1-3s+4s^2\right)+4\left(2s-1\right)\right]}{(1-4s)^2} > 0 \qquad (6.47)$$

命题6.4：跨国公司一定并购企业1。

这一结论非常容易理解。鉴于并购不同企业的成本差异不大，而生产高质量产品与低质量产品的成本相同，那么跨国公司必定以供应高质量产品进军国际市场。

外资并购所产生的利润转移效应，导致东道国的社会福利只包括本国企业的利润、并购的交易价格和消费者剩余。由前面的分析可推算出两种情形下东道国的社会福利，比较后可以得到

$$W^1 - W^2 = \frac{cs\left[2+c\left(4s-3\right)\right]}{2(1-4s)^2} > 0 \qquad (6.48)$$

推论6.3：跨国公司并购企业1对东道国更有益。

结合命题6.4，我们会发现一个有趣的结论：跨国公司的并购选择恰好与东道国的意愿不谋而合。对东道国而言，生产高质量产品的企业被并购，表示高质量的产品以更有效率的方式被供应到市场上，使得更多的消费者能够以较低的价格买到高质量的产品，竞争的加剧促使原本没有购买任何产品的消费者有能力购买低质量产品，从而提升了本国的福利水平。这从某种程度上说明对于外企并购本国"龙头"企业进行过多的干预并非是明智的，有可能会错失提升技术的机会以及造成国民福利的恶化。

回忆前文，当并购未造成垄断时，东道国更愿意接受跨国公司并购本国的低效率企业。然而，这里的分析表明东道国更希望外资并购本国的高质量企业。看似矛盾的两种观点，仔细分析后发现事实上东道国的引资偏好具有一致性。被并购的无论是低效率企业还是生产高质量产品的企业，东道国都会获得更多的并购红利。

二 高质量产品垄断与产品差异化竞争

分析 $c < (s-1)/(2s-1)$ 的情况。此时跨国公司并购企业2的结

果与前文完全相同，此处不再列出。然而，跨国公司并购企业 1 将导致市场垄断，低质量产品退出市场，偏好大于 p_1/s 的消费者购买高质量产品。因而，产品 1 的市场需求函数为

$$q_1(p_1, p_2) = 1 - p_1/s \tag{6.49}$$

效仿前面的求解思路，不难得到此时的企业利润与消费者剩余为

$$\pi_M^1 = \frac{s}{4} \tag{6.50}$$

$$\pi_2^1 = 0 \tag{6.51}$$

$$U^1 = \int_{\frac{1}{2}}^{1} \left(\theta s - \frac{s}{2}\right) d\theta = \frac{s}{8} \tag{6.52}$$

由此推算出跨国公司并购企业 1、企业 2 的净收益，比较发现

$$\Pi_M^1 - \Pi_M^2 = \frac{8cs(3-7s+4s^2) - 4c^2(1-3s+4s^2) + s(4s^2+s-5)}{4(1-4s)^2(s-1)} > 0 \tag{6.53}$$

命题 6.5：跨国公司一定并购企业 1。

跨国公司在以高质量产品垄断市场与以低质量产品与当地企业瓜分市场之间权衡取舍。由于跨国公司的技术优势并不大（c 较小），因此后者并不能为其创造很高的寡头利润。通常来讲，垄断利润要大于寡头利润。这里也不例外，虽然收购价格较高，但是并购生产高质量产品的企业赢得了垄断利润，从而必然出现跨国公司选择企业 1 作为并购对象。

基于上述结果，不难推出并购不同企业会给东道国的社会福利造成不同的影响。具体为

$$W^1 - W^2 = \frac{s[29s - 28s^2 - 1 - 4c^2(4s-3) + 8c(4s^2-1-3s)]}{8(1-4s)^2(s-1)} < 0 \tag{6.54}$$

推论 6.4：跨国公司并购企业 2 对东道国更有益。

其中的原因不难理解。跨国公司并购企业 1 会催生垄断和高价，这不仅造成一部分消费者买不起高质量产品，而且希望购买低质量产品的消费者得不到供给。相反，跨国公司并购企业 2 引发的产品差异化竞

争,大大改善了东道国的国民福祉。显然,出于保护本国利益的考虑,东道国更希望跨国公司并购企业2。面对此类可能的结果,东道国政府可以考虑以外资并购触犯反垄断法为由,否决该项并购申请。这个结论为中国商务部以反垄断为由拒绝可口可乐并购汇源提供了理论支持。

三 低质量产品垄断与产品差异化竞争

分析 $c>2s(s-1)/(2s-1)$ 的情况。此时跨国公司并购企业1的情况与产品差异化竞争中的结果相同,我们可以共用前面的结果。然而,跨国公司并购企业2将导致市场垄断,此时偏好大于 p_2 的消费者购买低质量产品,高质量产品的供给为零,因而,产品2的市场需求函数为

$$q_2(p_1,p_2)=1-p_2 \tag{6.55}$$

博弈的均衡为

$$\pi_M^2=\frac{1}{4} \tag{6.56}$$

$$\pi_1^2=0 \tag{6.57}$$

$$U^1=\int_{\frac{1}{2}}^{1}(\theta-\frac{1}{2})d\theta=\frac{1}{8} \tag{6.58}$$

此时跨国公司并购企业1、企业2的净收益为

$$\Pi_M^1=\frac{s^2(2-c-2s)^2}{(1-4s)^2(s-1)} \tag{6.59}$$

$$\Pi_M^2=\frac{1}{4}-\frac{s[1-s+c(2s-1)]^2}{(1-4s)^2(s-1)} \text{①} \tag{6.60}$$

比较后可以得到

---

① 当 $s>1.79$ 且 $c>\dfrac{s-1}{2s-1}+\dfrac{\sqrt{64s^6-160s^5+148s^4-64s^3+13s^2-s}}{2s(2s-1)^2}$ 时,$\Pi_M^2<0$,跨国公司倘若并购企业2必将遭受损失。

$$\Pi_M^1 - \Pi_M^2 = \frac{s[2c(s-1)+(1-s)^2(1+4s)+c^2(1-3s+4s^2)]}{(1-4s)^2(s-1)} - \frac{1}{4} > 0 \quad (6.61)$$

命题 6.6：跨国公司一定并购企业 1。

这一结论与命题 6.3 形成了鲜明的对比，推翻了垄断利润高于寡头利润的论断。这是因为，尽管此时跨国公司可以凭借其绝对的成本优势将对手挤出市场，以低质量产品垄断东道国市场，进而获得垄断利润，但是，低质量伴随着低价格和微薄的利润；相反，如果生产更高质量的产品，就可以凭借成本优势和产品优势索要更高的价格，赢得更多的市场需求，从而获得丰厚的寡头利润。

东道国的社会福利因被并购企业的不同有如下关系

$$W^1 - W^2 = \frac{2c^2s^2(4s-3)-16cs^2(s-1)+1-9s+14s^2-14s^3+8s^4}{4(1-4s)^2(s-1)} > 0 \quad (6.62)$$

推论 6.5：跨国公司并购企业 1 对东道国更有益。

我们可以借助对推论 4 的解释来理解其中的经济学含义。跨国公司并购企业 2 造成提供高质量产品的企业 1 被排挤出市场，从而使得那些偏好较高的消费者不能购买到合意的产品而产生效用损失，并且由于垄断造成的高价格导致消费者的数量大幅度减少，这都会恶化东道国的社会福利。

回顾以上三种可能的情况，我们发现，与技术优势高低无关，跨国公司的最优选择是并购生产高质量产品的企业。并且，只有当该并购行为造成行业垄断时，东道国才应该加以阻止，除此之外，外资并购高质量企业导致的社会福利反而要高于另一种并购活动下的福利水平。

第三节 结论分析

企业在进行并购活动时，不能忽视的一个重要因素是并购价格问题。对投资者而言，并购不同的企业面临的交易价格往往有很大不同。跨国公司选择不同的并购对象可能改变市场结构、催生垄断独占，这对东道国的消费者乃至政策调整产生深远影响。为此，本章分别基于东道国企业在生产效率和产品质量存在差异的不同假设下，构建经济学模型分析在并购价格内生决定的条件下，跨国公司在不同企业之间的并购选择问题。同时进一步探讨了跨国公司的并购决策对东道国的福利影响，进而推测东道国的政策设置。

  本文得到以下有价值的结论：第一，如果跨国公司有意愿并购的两个企业生产效率不同，那么在并购不催生垄断的情况下，跨国公司的并购选择取决于东道国整体效率的高低，与被并购方的生产效率高低无关；在并购可能造成垄断时，跨国公司一定并购高效率企业。然而，对东道国而言，跨国公司并购其生产效率低的企业福利更高，东道国更希望跨国公司收购其低效率企业，此时可以给予政策倾斜以吸引到对本国更有利的外资。第二，如果跨国公司有意愿并购的企业生产不同质量的产品，那么跨国公司的最优选择是并购生产高质量产品的企业。对于造成垄断的并购申请，东道国应加以阻止，促使跨国公司改变并购目标，进而获得更高的福利水平；对于并不造成垄断的并购申请，东道国从最大化本国福利的角度，应该接受跨国公司的并购申请。

  现实中，企业在并购过程中往往会产生因信息披露所带来的技术外溢效应。考虑到这种效应的存在，会提高收购价格，这就表示并购后东道国的产业利润在增加；与此同时，技术外溢会造成市场价格下跌、消费增多，消费者从中获益，产业利润与消费者剩余的同时增加必然会提高东道国的福祉。

第七章　平行进口与企业创新

平行进口又称为灰色市场进口，是指原产于一个国家或地区的某种产品未经原生产厂商授权而被卖到其他市场中去的行为。从形式上讲，平行进口既可以是从事平行进口的中间商把产品返销回原生产厂商所在的国家或地区，也可以是平行进口商把产品销售到第三个国家。平行进口是国际贸易和知识产权保护领域中的一个古老的话题，虽经一百多年的理论争论和各国法律实践，仍未达成一致的观点，甚至同一国法院对其态度也前后充满了矛盾和变化。

中国自 2015 年 2 月陆续在多个自贸区推行平行进口车业务，但遭受到宝马、奔驰等生产厂商的质疑和抵制，一方面通过处罚来源地经销商，对平行进口车出口中国实行资源控制；另一方面设置贸易壁垒，降低平行进口车的价格优势。如宝马在 2015 年把在美国市场销售的 X5、X6 的 3.0L 车型发动机排量增加了 25ML，这微小变化使上述车型出口到中国的关税成本每辆车增加了 11 万元，致使平行进口车的价格优势荡然无存。平行进口车遭遇抵制，究其原因是这些进口车的生产厂商认为平行进口车销售数量的增加，对其在中国的利润以及未来的发展构成了威胁。事实上，世界各国对平行进口的合法性也有很大分歧，其根本原因就在于知识产权"权利穷竭"原则与"地域性"原则的冲突。

平行进口是世界范围内存在争议的问题,由于平行进口问题的复杂性,几十年来,经济学家对于是否应该禁止平行进口也是争论不断,争论的核心问题是平行进口行为是否会阻碍创新。传统的观点认为,平行进口弱化了对生产厂商产权的保护,损害了生产厂商的利益,进而抑制了生产厂商的创新积极性,这一观点得到了众多学者的支持。本章在 Li and Maskus(2006)研究的基础上,引入工资因素,在垄断条件下重新探讨平行进口对于生产厂商工艺创新的影响。

第一节 创新的不确定性

本章以发生在发达国家与发展中国家间的普通式平行进口①为例。假设有一个生产厂商 M,它生产一种产品并在国家 A 直接销售,同时还把产品通过一个独立的经销商 D 卖往国家 B。在允许平行进口的情况下,经销商 D 有可能把这种产品通过灰色市场卖回产品的原产地(国家 A),并与原生产厂商 M 进行古诺竞争。经销商从事平行进口的单位贸易成本为 $t \geq 0$。② 生产厂商生产产品的成本主要包括工资支出和其他生产成本。一单位的产品生产需要投入一单位的劳动力,而其他生产成本的大小取决于生产厂商的工艺创新(降低成本的创新)投入。

关于生产厂商 M 的工艺创新问题,考虑到现实中工艺创新存在不确定性,假设:生产厂商投资 $k \geq 0$,如果投资成功的话,其生产成本降为 c_L,投资成功的概率为 $\alpha(k)$;否则失败的话,其生产成本仍为 c_H,失败的概率为 $1-\alpha(k)$。概率函数 $\alpha(k)$ 是连续、二阶可微、严格递增的,并且 $\alpha(0)=0$,$\alpha''(k)<0$。为了保证本章讨论的问题有

---

① 普通式平行进口是指某种知识产权产品在进口国与出口国市场均受到保护,未经授权的本国厂商将此种知识产权产品出口到国外的行为(周华等,2016)。

② 若运输成本为冰山成本(Iiceberg Cost),我们可以转化为单位运输成本(李长英,2004)。

意义，即在国家 A 和国家 B 中一定有产品销售，要求 $0 \leq c_L < c_H < 1$。为便于集中分析经销商的平行进口行为对原生产商降低成本研发行为的影响，我们忽略市场的不对称性，假设国家 A 与国家 B 具有相同的市场规模，其市场反需求函数均为 $p=1-q$。

问题的博弈时序如下：第一阶段，生产厂商 M 决定在工艺创新方面的投入；第二阶段，工会决定工人的工资 w，生产厂商 M 选择接受或拒绝该工资合同；第三阶段，生产厂商 M 决定产品的售价（γ，T），其中 γ 是厂商 M 对经销商 D 的批发价格，T 是经销商 D 付给厂商 M 的一次性转移支付，经销商 D 选择接受或拒绝；第四阶段，如果经销商 D 拒绝接受厂商 M 的销售合约，则生产厂商 M 在国家 A 进行垄断销售，而没有产品在国家 B 销售；如果经销商 D 接受合同，则经销商 D 在国家 B 进行垄断销售，并在平行进口发生的时候与生产厂商 M 在国家 A 进行产量竞争，而在平行进口未发生或禁止平行进口的时候经销商 D 只在国家 B 销售产品。

一 生产厂商的创新决策

本章的目的是试图回答：允许平行进口是否一定打击生产厂商进行降低成本的创新积极性？为了解答该问题，我们需要对比存在平行进口与否情形下生产厂商 M 在工艺创新上的投入。在生产厂商 M 接受工会的工资合同，经销商 D 接受厂商 M 销售合约的基础上，厂商 M 与经销商 D 同时决定在国家 A 与在国家 B 的销售量。这里，我们用 w_i，γ_i 与 c_i（$i=H, L$）分别表示工资水平、批发价格与生产厂商 M 的边际成本。为便于分析，设定 $R_M^j(w_L, c_L)$，$R_M^j(w_H, c_H)$ 为生产厂商 M 在创新成功、创新失败情况下未扣除创新成本的总收益，上标 $j=n, p$ 表示禁止平行进口与允许平行进口。

基于上述假设，生产厂商 M 从事工艺创新的预期收益可表示为

$$E_M^j = \alpha(k^j) R_M^j(w_L, c_L) + [1-\alpha(k^j)] R_M^j(w_H, c_H) - k^j \quad (7.1)$$

很显然，在博弈的第一阶段，生产厂商 M 会最大化其研发所带来的预期利润 E_M^j，不难得到预期利润最大化的一阶条件为

$$\frac{\partial E_M^j}{\partial k^j}=\alpha'(k^j)R_M^j(w_L,c_L)-\alpha'(k^j)R_M^j(w_H,c_H)-1 \quad (7.2)$$

从而得到生产厂商 M 的最优创新投入水平满足以下等式

$$\alpha'(k^j)=\frac{1}{R_M^j(w_L,c_L)-R_M^j(w_H,c_H)} \quad (7.3)$$

令 $\Delta R_M^j=R_M^j(w_L,c_L)-R_M^j(w_H,c_H)$。已知 $\alpha''(k)<0$，这说明 $\alpha'(k)$ 是 k 的递减函数，因此，$\Delta R_M^n>\Delta R_M^p$ 就意味着 $k^n>k^p$，这表示平行进口会打击生产厂商的创新积极性；反之，$\Delta R_M^n<\Delta R_M^p$ 就意味着 $k^n<k^p$，这表示平行进口会提升生产厂商的创新积极性。因此，为了得到平行进口对于生产厂商创新积极性的影响，我们只需分析平行进口对于生产厂商 M 创新成功与创新失败情况下收益之差的影响即可。

二　利润最大化

生产厂商 M 的最终目的是获得尽可能多的利润。鉴于在完全信息条件下，生产厂商 M 必定通过一次性转移支付 T 攫取经销商的全部利润，因此当国家 A 禁止平行进口时，生产厂商 M 的利润最大化问题等价于

$$\max_{\gamma_i\geq 0}\pi_B^n(\gamma_i,c_i)=\pi_B(\gamma_i)+(\gamma_i-c_i-w_i)q_B(\gamma_i)-k^n \quad (7.4)$$

其中第一项 $\pi_B(\gamma_i)$ 是经销商 D 在国家 B 的销售利润（未扣除一次性转移支付），生产厂商为了实现在国家 B 的垄断利润，一定会将产品的批发价格设定为 $\gamma_i=c_i+w_i$①。

如果经销商 D 被允许向国家 A 从事平行进口活动，那么此时生产厂商 M 与经销商 D 在国家 A 进行产量竞争。此时生产厂商在设定产

---

① 此处结果的证明过程见下文。

的批发价格时需要权衡以下影响：第一，生产厂商倾向于减少对国家 B 市场上产品价格的扭曲，为此它有动机将产品批发价格设定在其单位成本上；第二，生产厂商为削弱经销商与其在国家 A 中的竞争，倾向于提高产品的批发价格；第三，平行进口数量越多，平行进口造成的资源浪费越多，这不利于生产厂商利润的提升；最后，经销商的平行进口行为带来产品全球销量的增加，这可能会产生工资削减效应，进而降低生产厂商的生产成本，从而有利于其利润的提升。基于上述考虑，由生产厂商利润最大化的一阶条件得到如下结果：第一，当存在平行进口时，批发价格越高，越有助于抑制经销商的平行进口行为，生产厂商在国家 A 的销售量也随之不断增加；第二，国家 A 对产品的总消费量却是批发价格的递减函数；第三，工资的上升不仅会减少生产厂商 M 在国家 A 的销售量，也会同时抑制国家 A 的市场需求；最后，贸易成本的存在构成了经销商的平行进口壁垒，尤其当贸易成本过高时，平行进口被封锁。

第二节 激励创新的平行进口政策

本部分将分析平行进口对于产品价格、生产厂商与经销商的销售决策、工会的工资设置与生产厂商创新行为等的影响。

一 禁止平行进口的情况

首先讨论平行进口被禁止的情况。此时，生产厂商 M 与经销商 D 只在各自的国家销售产品，其销售利润函数表达式为

$$\pi_A = (1-q_A-c_i-w_i) q_A \tag{7.5}$$

$$\pi_B = (1-q_B-\gamma_i) q_B \tag{7.6}$$

其中，q_A，q_B 分别表示生产厂商 M、经销商 D 在国家 A、国家 B 的销售量。根据利润最大化原则，得到

$$q_A = \frac{1-c_i-w_i}{2} \tag{7.7}$$

$$q_B = \frac{1-\gamma_i}{2} \tag{7.8}$$

经销商销售的所有产品都是从生产厂商 M 那里采购，所以生产厂商为了确定最优的产品批发价格，必须解决以下最大化问题

$$\max_{\gamma_i \geq 0} \pi_M(\gamma_i, c_i) = \pi_A + \pi_B(\gamma_i) + (\gamma_i - c_i - w_i) q_B(\gamma_i) - k \tag{7.9}$$

上述利润最大化的一阶条件为 $\frac{c_i+w_i-\gamma_i}{2}=0$，因此生产商 M 的定价策略为

$$\begin{cases} \gamma_i = c_i + w_i \\ T_i = \dfrac{(1-c_i-w_i)^2}{4} \end{cases} \tag{7.10}$$

由此可以整理得到均衡产出，并将其代入工会的目标函数中，因为一单位的产出需要一单位的劳动力投入，所以工会的目标函数为

$$\pi_U = w_i(q_A + q_B) = w_i\left(\frac{1-c_i-w_i}{2} + \frac{1-c_i-w_i}{2}\right) \tag{7.11}$$

解得均衡工资以及生产厂商的利润为

$$w_i = \frac{1-c_i}{2} \tag{7.12}$$

$$\pi_M = \frac{(1-c_i)^2}{8} - k \tag{7.13}$$

根据 $R_M(w_i, c_i) = \pi_M(w_i, c_i) + k^n$，进而推算出

$$\Delta R_M = R_M(w_L, c_L) - R_M(w_H, c_H) = \frac{(c_H - c_L)(2 - c_H - c_L)}{8} \tag{7.14}$$

至此已经求出禁止平行进口时工艺创新成功和工艺创新失败两种情况下预期利润的差值。从上式可以看出，相对于工艺创新失败，生产厂商因工艺创新成功获得更高的利润，这表明在禁止平行进口的情况下生

产厂商必然会进行工艺创新。

二 允许平行进口的情况

如前所述，本章模型研究的关键问题是平行进口是否会促进工艺创新。接下来讨论 A 国允许平行进口的情况。此时生产厂商 M 与经销商 D 同时在 A 国销售产品，并且经销商独占 B 国市场。此时生产厂商 M 与经销商 D 在 A 国销售产品的利润分别为

$$\pi_{AM} = [1-(q_{AM}+q_{AD})-c_i-w_i]q_{AM} \tag{7.15}$$

$$\pi_{AD} = [1-(q_{AM}+q_{AD})-\gamma_i-t]q_{AD} \tag{7.16}$$

q_{AD} 即为平行进口的数量。求解上述利润最大化的一阶条件，有如下结果

$$q_{AM} = \begin{cases} \dfrac{1-2c_i+t-2w_i+\gamma_i}{3} & 2(\gamma_i+t)-w_i<1+c_i \\ \dfrac{1-c_i-w_i}{2} & 2(\gamma_i+t)-w_i\geq 1+c_i \end{cases} \tag{7.17}$$

$$q_{AD} = \begin{cases} \dfrac{1+c_i-2t+w_i-2\gamma_i}{3} & 2(\gamma_i+t)-w_i<1+c_i \\ 0 & 2(\gamma_i+t)-w_i\geq 1+c_i \end{cases} \tag{7.18}$$

从上式可以看出，当批发价格、贸易成本比较低、工资水平比较高时，平行进口才会发生。贸易成本的存在构成了经销商的平行进口壁垒，当贸易成本过高时，平行进口会被封锁。在平行进口发生的情况下，平行进口的数量随着贸易成本的增加而不断减少。

经销商在国家 B 依然是垄断销售，其产出决策使得其在 B 国的销售所得 π_B 最大，即

$$q_B = \frac{1-\gamma_i}{2} \tag{7.19}$$

因此生产商 M 的利润为

$$\pi_M = \begin{cases} \dfrac{17-38c_i+8c_i^2-8(1+c_i)t+20t^2-2(19-8c_i+4t)w_i+8w_i^2+2(2+11c_i+8t+11w_i)\gamma_i-13\gamma_i^2}{36} & 2(\gamma_i+t)-w_i<1+c_i \\[2ex] \dfrac{(1-c_i-w_i)^2+(1-\gamma_i)^2+2(1-\gamma_i)(\gamma_i-c_i-w_i)}{4} & 2(\gamma_i+t)-w_i\geq 1+c_i \end{cases}$$

(7.20)

不难验证，π_M 是连续函数。此时生产厂商在设定产品的批发价格时需要权衡以下影响：第一，生产厂商倾向于减少对国家 B 市场上产品价格的扭曲，为此它有动机将产品批发价格设定在其单位成本上。第二，生产厂商为削弱经销商与其在国家 A 中的竞争，倾向于提高产品批发价格。第三，平行进口产品数量越多，平行进口造成的贸易成本支出越多，这不利于生产厂商利润提升，诱使其设置较高的批发价格。第四，经销商的平行进口行为带来产品销售总量增加，这可能会产生工资削减效应，进而降低生产厂商的生产成本，从而有利于其利润提升，这会激发生产厂商降低批发价格。通过求解利润最大化问题，得到

$$\gamma_i = \begin{cases} \dfrac{2+11c_i+8t+11w_i}{13} & w_i < \dfrac{3-3c_i-14t}{3} \\[2ex] \dfrac{1+c_i-2t+w_i}{2} & \dfrac{3-3c_i-14t}{3} \leq w_i < 1-c_i-2t \\[2ex] c_i+w_i & w_i \geq 1-c_i-2t \end{cases} \quad (7.21)$$

显然，较低的生产成本促使生产厂商以较低的批发价格向经销商出售产品，这会激励经销商的平行进口行为。无论平行进口是否被封锁，生产厂商在设定批发价格时都必须考虑工资水平的影响，这就要求进一步求解均衡工资水平。在继续分析工资设置问题之前，需化简得到生产厂商与经销商在各国的销售量，并将其代入工会的目标函数得到

$$\pi_U = \begin{cases} \dfrac{w_i(27-27c_i-22t-27w_i)}{26} & w_i < \dfrac{3-3c_i-14t}{3} \\[2ex] \dfrac{w_i(3-3c_i+2t-3w_i)}{4} & \dfrac{3-3c_i-14t}{3} \leq w_i < 1-c_i-2t \\[2ex] w_i(1-c_i-w_i) & w_i \geq 1-c_i-2t \end{cases} \quad (7.22)$$

不难验证，π_U 是连续函数，通过求解利润最大化问题，得到均衡工资为

$$w_i = \begin{cases} \dfrac{27-27c_i-22t}{54} & t < \dfrac{9(21-4\sqrt{26})(1-c_i)}{50} \\ \dfrac{3-3c_i+2t}{6} & \dfrac{9(21-4\sqrt{26})(1-c_i)}{50} \leq t < \dfrac{3(1-c_i)}{14} \\ 1-c_i-2t & \dfrac{3(1-c_i)}{14} \leq t < \dfrac{1-c_i}{4} \\ \dfrac{1-c_i}{2} & t \geq \dfrac{1-c_i}{4} \end{cases} \quad (7.23)$$

均衡工资有四种可能的结果，这取决于贸易成本与生产厂商生产成本（不包括工资）的大小。就工资而言：一方面，针对生产厂商较高的生产成本，工会为了增加就业量会降低工人的工资水平；另一方面，在平行进口数量为正的情况下，贸易成本越高，工资水平反而越低，这是因为较高的贸易成本会压制经销商的平行进口行为，减少产品在全球的销售量，这意味着对工人的需求也在降低，显然，出于刺激生产厂商对于劳动力的需求，工会必定会压低工资水平。

将均衡工资代入式（7.18）中即可推算出均衡情况下平行进口的数量为

$$q_{AD} = \begin{cases} \dfrac{1+c_i-2t+w_i-2\gamma_i}{3} & 2(\gamma_i+t)-w_i < 1+c_i \\ 0 & 2(\gamma_i+t)-w_i \geq 1+c_i \end{cases} \quad (7.24)$$

很显然，当批发价格与贸易成本比较低，工资水平比较高时，平行进口才会发生。在平行进口发生的情况下，平行进口的数量随着贸易成本 t 的增加而不断减少；较低的生产成本（创新成功）促使生产厂商以较低的批发价格向经销商出售产品，这会激励经销商的平行进口行为。

前文已经发现，生产厂商在向经销商销售产品时索要的价格是工资水平的内生函数，将均衡工资水平代入生产厂商的定价决策中，即可推

算出均衡批发价格为

$$\gamma_i = \begin{cases} \dfrac{405+297c_i+190t}{702} & t < \dfrac{9(21-4\sqrt{26})(1-c_i)}{50} \\ \dfrac{9+3c_i-10t}{12} & \dfrac{9(21-4\sqrt{26})(1-c_i)}{50} \leq t < \dfrac{3(1-c_i)}{14} \\ 1-2t & \dfrac{3(1-c_i)}{14} \leq t < \dfrac{1-c_i}{4} \\ \dfrac{1+c_i}{2} & t \geq \dfrac{1-c_i}{4} \end{cases} \quad (7.25)$$

均衡批发价格也有四种可能的结果，同样取决于贸易成本与生产厂商单位生产成本（不包括工资）的大小。就批发价格而言，在平行进口数量为正的情况下，贸易成本的增加会带来批发价格的上升，这是因为贸易成本的抬价效应大于抑价效应。具体而言：一方面，贸易成本越高，生产厂商 M 越不必担心平行进口对其市场的冲击，这促使生产厂商设置较低的批发价格以减少对市场价格的扭曲；另一方面，贸易成本的增加意味着平行进口造成的资源浪费越大，损害生产厂商的利益，这又会引发生产厂商的抬价行为。除此之外，为了鼓励经销商在国家 B 的产品销售，从而实现尽可能多的垄断利润，生产厂商又有动机压低批发价格。同时还应注意到，与贸易成本无关，较高的边际生产成本总会迫使生产厂商提高产品的批发价格。

接下来我们讨论生产厂商的利润。将上述均衡解代入利润函数中，即可得到不同情形下的均衡利润。需要说明的是：π_M^p 不是 t 的连续函数，在点 $t=9(21-4\sqrt{26})(1-c_i)/50$ 处不连续。对于第一种情况，即在平行进口数量为正的情况下，生产厂商的利润为

$$\pi_{M1}^p = \frac{18225(1-c_i)^2 + 18036(1-c_i)t + 107572t^2}{151632} - k^p \quad (7.26)$$

对于第二种情况和第三种情况，贸易成本阻碍了经销商的平行进口行为，这是因为生产厂商设置了足够高的批发价格。根据 Li and Maskus

(2006) 的定义,这种均衡为阻止平行进口。生产厂商的利润分别为

$$\pi_{M2}^p = \frac{63(1-c_i)^2 - 12(1-c_i)t - 164t^2}{576} - k^p \quad (7.27)$$

$$\pi_{M3}^p = 2t^2 - k^p \quad (7.28)$$

对于第四种情况,过高的贸易成本抬高了批发价格,形成了对经销商平行进口的封锁,这等同于禁止平行进口。此时生产厂商将批发价格设置在成本水平上,避免了对市场价格的扭曲,进而获得了垄断利润。这种均衡称之为封锁平行进口。此时生产厂商的利润为

$$\pi_{M4}^p = \frac{(1-c_i)^2}{8} - k^p \quad (7.29)$$

命题 7.1:当 $0 \leq t < 9(21-4\sqrt{26})(1-c_i)/50$ 时,π_M^p 随着 t 的增大而增加;当 $9(21-4\sqrt{26})(1-c_i)/50 \leq t < 3(1-c_i)/14$ 时,π_M^p 随着 t 的增大而减少;当 $3(1-c_i)/14 \leq t < (1-c_i)/4$ 时,π_M^p 随着 t 的增大而增加;当 $t \geq (1-c_i)/4$ 时 π_M^p 保持不变①。

这个结论的直观经济意义是这样的:首先,当贸易成本很低时,发生经销商的平行进口行为,此时贸易成本的增加一方面因平行进口的存在造成更多的资源浪费,另一方面会迫使生产厂商抬高产品的批发价格,加剧了对纵向定价的扭曲,这两方面显然都会恶化生产厂商的利润;然而,值得注意的是,工人工资的水平即生产厂商的劳动力成本却随着贸易成本的增加而大幅度降低,正是这种成本节约效应超过了上述两方面的利润减少效应,最终使得在较低的贸易成本情形下,生产厂商反而因贸易成本的增大而受益。

其次,当贸易成本大小居中时,平行进口被阻止,贸易成本的增加压低了产品的批发价格,这有助于增加生产厂商在国家 B 的利润所得。不同的是,在贸易成本 t 小于 $3(1-c_i)/14$ 范围内,贸易成本的增加抬

---

① 命题 7.1 及下文其他命题的证明过程均见文末附录 D。

高了工人的工资,生产成本的增加会造成生产厂商在两国利润的减少;但是,在贸易成本较高的范围内（$t \geqslant 3(1-c_i)/14$）,贸易成本越大,工资越低,这对生产厂商全球利润的提升起到积极作用。因此,在平行进口被阻止时,生产厂商的利润随着贸易成本的提高而先减少后增加。

最后,当贸易成本很高时,平行进口遭到封锁,此时生产厂商将以边际成本的批发价格向经销商出售产品,从而实现了在国家 A 和国家 B 的垄断利润,贸易成本的增加对生产厂商不会造成任何影响。

三 平行进口政策与企业创新动机

在探讨平行进口是如何影响生产厂商工艺创新积极性问题之前,我们首先分析生产厂商究竟是否有积极性进行工艺创新,也就是说,相对于创新失败,生产厂商是否因创新成功获得更高的利润。这点在禁止平行进口的情况下是显而易见的,事实上即使允许平行进口,生产厂商仍然会因创新成功而受益。① 这是因为:在平行进口的数量为正时,较低的生产成本尽管会催生较高的工资,但却因增加生产厂商在国家 A 的销售量而提升了生产厂商在国家 A 的销售利润,与此同时,较低的生产成本导致较低的批发价格,这又会增加生产厂商向经销商出售产品的利润;在平行进口被阻止时,较低的生产成本同样引发较高的工资,但生产厂商单位成本因此而降低,与较低的批发价格共同带来了生产厂商全球利润的提升;当平行进口因贸易成本过高而被封锁时,生产厂商的定价策略保证其在两国市场都获得垄断利润,而生产成本越低意味着垄断利润越多。综上,创新成功伴随而来的生产成本的减少会提升生产厂商的利润。这说明,在平行进口合法的情况下,生产厂商有动机进行工艺创新。

进一步观察发现,生产厂商创新成功与创新失败的利润差值与贸易

---

① 证明过程见附录 D。

成本的大小有直接关系。基于前文的说明，ΔR_M^p 反映了允许平行进口时创新成功与失败的利润差，由此我们可以得到以下结论：

命题 7.2：当 $0 \leq t < \dfrac{9(21-4\sqrt{26})(1-c_i)}{50}$ 时，ΔR_M^p 随着 t 的增大而增加；当 $\dfrac{9(21-4\sqrt{26})(1-c_L)}{50} \leq t < \dfrac{3(1-c_i)}{14}$ 时，ΔR_M^p 随着 t 的增大而减少；当 $\dfrac{3(1-c_L)}{14} \leq t < \dfrac{1-c_H}{4}$ 时，ΔR_M^p 保持不变；当 $\dfrac{1-c_H}{4} \leq t < \dfrac{1-c_L}{4}$ 时，ΔR_M^p 随着 t 的增大而增加；当 $t \geq \dfrac{1-c_L}{4}$ 时，ΔR_M^p 恒定不变。

命题 7.2 表明 ΔR_M^p 随着贸易成本 t 的增加而呈现不规则变化。两者的关系见图 7-1。当贸易成本小于 t_1 时，无论创新是否取得成功平行进口都一定会发生，此时利润增加效应超过因竞争加剧所带来的利润减少效应，生产厂商的研发投入随着贸易成本的增大而增加；当贸易成本大小处于 t_1 与 t_2 之间时，平行进口在生产厂商取得创新成功时仍会发生，但一旦创新失败则平行进口因过高的批发价格被阻止，前者会打击生产厂商的创新积极性，因此随着贸易成本的增大 ΔR_M^p 在不断增加；当贸易成本的大小在 t_2 到 t_3 范围内时，无论生产厂商研发是否取得成功，平行进口都不会发生，但是生产厂商在向经销商出售产品时仍然存在加价行为，这会抑制其创新积极性，但贸易成本的增大伴随而来的是工资水平的先上升后下降，工资的变动严重影响生产厂商的创新决策，从而出现 ΔR_M^p 随着贸易成本的增加先减少而后保持不变的结果；当贸易成本大小处于 t_3 与 t_4 之间时，平行进口在生产厂商取得创新成功时被阻止，此时生产厂商以高于边际成本的价格转售产品，平行进口在生产厂商创新失败时被封锁，所以 ΔR_M^p 是 t 的递增函数；在贸易成本不低于 t_4 时，无论创新是否取得成功平行进口都被封锁，因此生产厂商获利多少与工艺创新的成败无关。

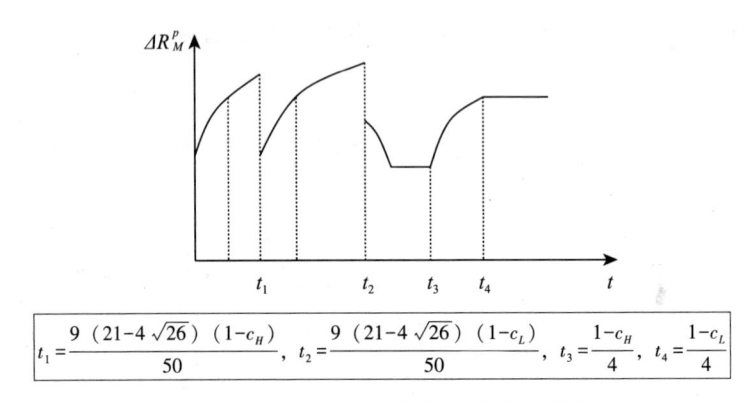

$$t_1 = \frac{9(21-4\sqrt{26})(1-c_H)}{50}, \quad t_2 = \frac{9(21-4\sqrt{26})(1-c_L)}{50}, \quad t_3 = \frac{1-c_H}{4}, \quad t_4 = \frac{1-c_L}{4}$$

图 7-1 允许平行进口时创新成功与创新失败的利润差值

接下来我们回答本章的核心问题：平行进口究竟会促进还是抑制生产厂商的创新积极性？Li and Maskus（2006）认为经销商没有支付创新费用却分享了创新所带来的好处，因而平行进口打击了生产厂商的创新积极性。然而，他们忽略了平行进口在降低生产厂商劳动力成本方面的正面作用，这可能会提高生产厂商的创新动机。因此，禁止平行进口是否更能激励生产厂商的工艺创新有待深入分析，即判断 $k^n \geq k^p$ 是否一定成立。这要求我们比较 E_M^n 与 E_M^p 的大小，借助前面的分析可知，只需知道 ΔR_M^n 与 ΔR_M^p 孰大孰小即可确定 E_M^n 与 E_M^p 的大小，进而判断出 k^n 与 k^p 的大小关系。

对于因生产厂商向经销商索要过高价格造成的平行进口被阻止以及过高贸易成本造成的平行进口被封锁的情况，经分析发现虽然平行进口未发生，但允许平行进口必定不会提高生产厂商的创新积极性。为了集中探讨平行进口与工艺创新的关系，此处仅对平行进口贸易发生的情况展开深入的分析，即比较贸易成本不高于 t_2 的条件下，平行进口被禁止和被允许时利润差值的大小。

命题 7.3：禁止平行进口或者为遏制平行进口所作的努力有时反而更加打击生产厂商从事工艺创新的积极性。

该命题至少说明了两个问题：第一，既有的研究认为，平行进口导致了同品牌间的竞争,这种市场挤占效应损害了原生产厂商的利润,从而抑制了其进行工艺创新的积极性,这点在我们的研究中也得到了验证;第二,考虑到工会在确定工资水平时受到是否存在平行进口的影响,平行进口贸易会迫使工会降低工人的工资,这种工资削减效应有助于生产厂商利润的提升。综合以上两方面的经济效应,我们发现,在平行进口可能发生的情况下,在 $t^* < t \leqslant t_1$ 和 $t^{**} < t \leqslant t_2$ 范围内,工资削减效应占主导,此时允许平行进口更能激发生产厂商从事工艺创新的积极性;在其他情况下,竞争造成的市场挤占效应导致平行进口条件下生产厂商的收益低于不存在平行进口条件下的收益,这意味着平行进口会打击生产厂商的创新积极性。

第三节 结论与启示

传统的观点认为,平行进口削弱了对生产厂商产权的保护,打击了生产厂商从事研究与开发活动的积极性。该观点不乏支持者的同时也备受学者质疑,本章在 Li and Maskus(2006)基础上引入工资因素,重点关注平行进口是否会打击生产厂商的创新积极性。研究发现,尽管生产厂商因平行进口商的产品返销行为损失了部分市场需求(市场挤占效应),但平行进口会压低工人的工资(工资削减效应),显然这会增加生产厂商的收益,当平行进口对于生产厂商的工资削减效应超过市场挤占效应时,禁止平行进口反而会压制生产厂商的创新积极性;反之,当市场挤占效应占主导时,平行进口抑制了生产厂商从事工艺创新的积极性。

本章的研究结果不仅可以让我们深刻理解平行进口对于生产厂商创新的影响,而且可以很好地解释现实经济中世界各国对平行进口的态度大有不同,如英国、澳大利亚鼓励平行进口,但美国、韩国则更倾向于禁止平行进口。限制平行进口主要出于对平行进口行为可能会阻碍创新的担忧，但这一担忧更多地是源于忽略了平行进口给生产厂商带来的工资削减效应，这种效应在贸易成本较低（如关税的下降）时可能会超过平行进口给厂商造成的冲击，此时应允许甚至鼓励国外分销商的平行进口活动。而在平行进口产品的贸易成本很高时，对于平行进口才要谨慎地予以对待。在实践中我们也可以看到随着经济条件的变化，厂商和各国政府对待平行进口的态度也做出了相应的调整。中国在推动平行进口车的初期，进口车的关税很高，平行进口车业务遭到了进口车生产厂商的抵制，在厂商设置的诸多障碍的阻挠下平行进口车市场有很长一段时间都处于低迷状态。随着2018年7月1日中国对进口车关税下调政策的落地，多家进口车生产厂商将进口车型降价，导致平行进口车销售大幅增长。基于这些原因，本章认为针对不同的平行进口问题应区别对待，对于贸易壁垒比较低的产品，应该允许平行进口贸易而不是一味地禁止。

虽然我们的结论依赖于假设条件和模型构建，但本章所构建的理论模型为后续研究平行进口及相关问题提供了参考。后续研究可以考虑从如下两个方面加以拓展：一方面，单一生产厂商模型排除了来自其他生产厂商的竞争，竞争的存在势必会影响生产厂商在工艺创新方面的投入，引入竞争因素能够更好地考察平行进口对工艺创新的影响；另一方面，既有文献已经提到，平行进口对于不同类型的创新可能产生截然相反的影响，未来可以考虑分析平行进口对于新产品开发和产品质量提升的影响，从而推进平行进口问题的研究。

第八章　外商直接投资在中国区位选择的经验研究

对外开放是指国家积极主动地扩大对外经济交往，放开或者取消各种限制，不再采取封锁国内市场的保护政策，发展开放型经济。中国吸收外商投资之所以能够取得如此巨大的成效，根本原因在于中国为全世界的投资者提供了适宜其投资的经济环境和强有力的政策支持。在开始分析在华外商直接投资的区位选择问题之前，本章先从4个历史阶段回顾中国近40年的开放历程和成效。

（一）对外开放初步探索阶段：1978—1991年

1978年党的十一届三中全会确定了改革开放的基本国策，明确提出"在自力更生的基础上积极发展同世界各国平等互利的经济合作，努力采用世界先进技术和先进设备"的重大决策。这是中国真正意义上主动变革寻求开放的开端。1979年中国政府出台了首部关于外国投资的法规，即《中华人民共和国中外合资经营企业法》，允许外商与中国企业组建合资企业。按照"特殊政策、灵活措施"的政策方针，从1980年开始，中国相继在深圳、珠海、厦门、汕头试办经济特区；1984年，中国继续扩大经济特区范围，把大连、秦皇岛、天津、烟台、青岛、连云港、南通、上海、宁波、温州、福州、广州、湛江、北海等14个城市定为沿海开放城市；随后将长江三角洲、珠江三角洲和闽南厦漳泉三角地区以及辽东半岛、胶东半岛开辟为沿海经济开放区；1988年又提出建立海南经济特区。

中国从建设经济特区，到沿海开放城市和沿海经济开放区，再到发展海南经济特区，充分考虑了地理位置、自然资源、经济基础以及技术引进等因素，对发展开放经济和推动经济增长注入了内在活力（权衡，2018）。然而，这一阶段进入中国的外资数量仍较少，主要以承接香港、澳门和台湾地区的劳动密集型产业为主。这主要归因于大量外企对中国了解甚少，对进入中国仍有疑虑。

（二）开放格局基本形成阶段：1992—2000年

1992年邓小平南方谈话提出"社会主义也可以有市场"，破除了阻碍市场经济发展的思想桎梏（刘建丽，2019）。党的十四大报告强调"对外开放的地域要扩大，形成多层次、多渠道、全方位的对外开放格局……利用外资的领域要拓宽"。1992年将对外开放特惠政策推广至5个长江沿岸城市、13个边境市县以及11个内陆省会城市。1993年党的十四届三中全会明确提出要发展开放型经济，进一步强调"坚定不移地实行对外开放政策，加快对外开放步伐"。1999年颁布的《外商收购国有企业的暂行规定》，明确了外商可以并购国有企业。在一系列政策推动下，中国各地区掀起了引进外资的热潮。这个阶段，中国利用外资规模、水平和能力迅速跃上了新的历史台阶；外商持续投资中国的信心也空前坚定，为中国经济稳定和高速增长做出了重要贡献。

（三）全方位开放阶段：2001—2012年

以2001年中国加入WTO为重要标志，中国对外开放进入全方位发展的新阶段，开放的范围、领域、地域、水平和能力等都发生了根本性变化。2003年颁布的《外资并购境内企业暂行规定》，对外资并购中国企业进行了初步规范。接下来的几年中国进一步加强对涉及国家安全的外资并购的审查和监管，逐渐取消外资的超国民待遇，建立与国际接轨的引资机制，通过立法不断改善国内投资环境。这一阶段中国对外开放的市场化、国际化和法治化水平得到显著提升。强大的内需潜力不断释放，吸引了来自世界各地的外商直接投资。对外开放不仅带动了国内的技术进步，而且促进了世界经济的增长与全球投资贸易规则的制定。

（四）构建全面开放新格局阶段：2013 年至今

2013 年以来，中国进入构筑全面开放新格局阶段，倒逼政府管理体制改革提速，开始启动自由贸易区试点，先后通过了 18 个自贸区试点方案，创新了优化营商环境、推动投资便利化的政策并着力实践。2015 年 5 月国务院通过《中共中央国务院关于构建开放型经济新体制的若干意见》，明确构建互利共赢、多元平衡、安全高效的开放型经济新体制。2019 年 3 月通过的《中华人民共和国外商投资法》，实现了内外资待遇的统一，中国营商环境得到了进一步优化。[①] 中国外资管理体制加速转型，"放管服"改革提速，投资便利化成为吸引外资的主要手段。中国迎来了培育国际经济合作与竞争新优势、推动"一带一路"建设、参与全球经济治理体系的全面开放新格局的重要时期。

自 1979 年起，中国开始设立各种经济开放区，外资在此投资可以享受不同程度的税收优惠和政府支持。沿海地区由于较早地实现了对外开放，在招商引资方面率先取得了不错的成绩，随着开放政策逐步向内陆地区推行，内陆地区省份实际利用外商投资的规模有了不同程度的增加。地区间盲目的引资竞争引发了人们对于政策优惠的反思。政策优惠是否是构成外商在华投资的主要动因，中国地区之间是否存在明显的投资转移问题，为了获得这些问题的答案，我们选取中国省级面板数据，考察政策优惠对中国吸引外资的作用，并且重点检验江苏省对于其他省份的投资转移效应。

---

① 世界银行发布的《全球营商环境报告 2020》显示：中国营商环境在全球排名跃升至第 31 位，较上一年提升 15 位。

第一节　中国各地区实际利用外资的经验观察

中国已经进入全面参与国际经济合作与竞争的崭新阶段，成为国际资本和跨国公司主要的投资目的地。图 8-1 给出了 1998—2008 年中国 29 个省、直辖市和自治区（西藏，青海除外）的实际利用外商直接投资的变化。① 纵观中国各地区实际利用外商直接投资的变化趋势，随着中国经济稳步快速地发展以及对外开放的不断深化，中国大部分地区的实际利用外商直接投资规模呈现不同程度的上升，这与中国实际利用外商直接投资的整体变动趋势一致。

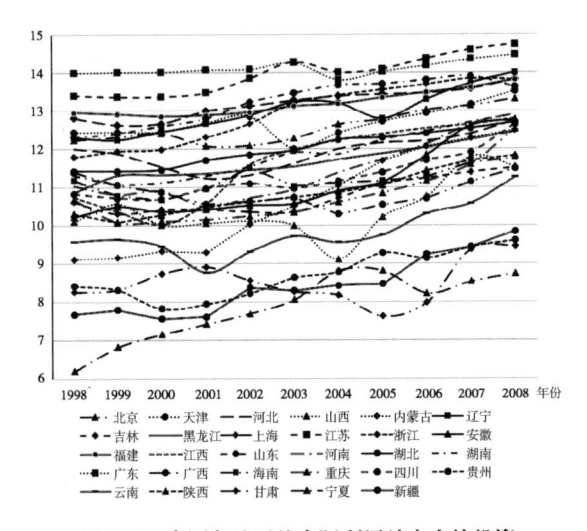

图 8-1　中国各地区的实际利用外商直接投资

---

① 数据来源于中国各省市历年统计年鉴。西藏自治区实际利用外资存在零值，不便于接下来的数据处理；青海省统计年鉴中没有实际利用外商直接投资的数据，故我们剔除了西藏和青海。因为 1998 年工业统计范围改为全部国有企业及年产品销售收入 500 万元以上企业，这会影响下文控制变量的指标设定，考虑到与历年统计年鉴数据相衔接，我们的样本范围取为 1998—2008 年。为使图 8-1 更直观，对数据做了对数处理。

第八章 外商直接投资在中国区位选择的经验研究

通过比较各地区实际利用外商直接投资,可以发现,外商直接投资在中国地区分布极为不均。排名前 10 的省市有 8 个分布在沿海地区,这些地区的经济发展水平也在全国范围内保持领先的地位,同时这些地区也是中国实行政策优惠时间比较早、覆盖面比较广的地区。相对而言,中西部地区的引资规模增加缓慢,这些地区经济发展缓慢、基础设施薄弱、对外资实行政策倾斜的力度不大,对外开放的时间也较晚。由此可以推测,各地区的经济发展水平、开放水平以及政策倾斜的不对称性等因素可能是导致外商直接投资在中国存在地区偏好的主要原因。

中国巨大的国内市场,强劲的消费需求,良好的投资环境和不断深化的对外开放政策,吸引着越来越多的跨国公司投资中国,中国已成为外商直接投资的首选目的地。尽管中国各地区的宏观政策环境大致相同,但不可否认地区之间还是存在投资环境与政策倾斜的不对称性。正是这种地区间的差异,导致外商在中国投资时面临选址问题。例如 2006 年空中客车公司计划在中国投放 A320 总装线项目,天津、西安、上海以及珠海等成为候选城市,最终天津滨海新区依托其良好的投资环境和特殊政策扶持赢得了该项投资。① 很显然,激烈的引资竞争导致外商直接投资在地区间存在转移效应,即一个地区获得了外商投资就意味着其他地区实际利用投资的减少。

然而,外商直接投资的创造效应可能引发跨国公司追加在华其他地区的投资,相关产业的进入也可能扩大其他地区的外商投资规模。② 例如 2011 年宝洁公司亚洲最大生产物流基地落户江苏省太仓市,这已经是其在华投资建设的第 10 个工厂;大众汽车集团先后在上海、长春等

---

① 方烨:《空客飞机总装厂将落户天津?》,http://finance.sina.com.cn/roll/20060529/1234715763.shtml,2006 年 5 月 29 日。

② Chantasasawat et al. (2003) 在考察"中国效应"时证实,亚洲各国间的生产网络化 (Production-networking) 使得外商在华投资的增加会带动其他亚洲国家的外资流入。

地投资;福特公司在中国的投资也采取多地域策略。这种带动作用可能会削弱地区间的竞争。

第二节　外商直接投资转移效应的显著性检验

一　变量的设定与数据来源的说明

2003年以前,广东省的招商引资规模一直位居榜首,但在2003年江苏省超越广东省,并连续8年保持全国第一。无论从引资规模还是外商直接投资的增长速度来看,江苏省相对于其他地区都有明显的优势。我们推测江苏省可能挤占了其他地区的招商引资。为了印证这一猜想,我们效仿Chantasasawat et al.(2003)的处理方法,控制其他影响外国直接投资的决定因素,添加江苏省的实际利用外商直接投资总额来反映江苏省对其他省份的投资转移效应。计量模型的设定如下所示:

$$fdi_{i,t} = \alpha + \beta jsfdi_t + \lambda' x_{i,t} + e_{i,t} \qquad (8.1)$$

其中,下标i、t分别代表地区i和时间t;fdi代表除江苏省以外的28个地区实际利用的外商直接投资,$jsfdi$表示江苏省实际利用的外商直接投资;$x_{i,t}$表示影响其他地区实际利用外商直接投资的控制变量。

需要说明的是,之所以我们没有选择联立方程模型进行投资转移效应的估计(Chantasasawat et al.,2003),是因为其他地区的外商投资对江苏省的影响很微弱,不存在明显的转移效应,并且其他因素的影响效应随着估计方法的改变甚至会完全相反,与直观的经济学意义不符。

如图8-1所显示,外商投资有明显的地区偏好。借鉴相关的研究成果,我们选取以下几个变量作为控制变量,以反映外商在华投资地区分布的决定因素。

(1)市场规模与市场潜力。大量的实证研究表明市场规模较大的地区更容易吸引到外商的直接投资(Schneider and Frey,1985;

Markusen and Maskus，1999；Moosa，2002）。为了消除通货膨胀的影响，我们采用经居民消费物价指数平减后的支出法国内生产总值（gdp）作为反映各地区市场大小的指标（祝树金、付晓燕，2008），单位为亿元。对于投资者而言，一个地区高速的经济增长意味着巨大的潜在市场需求，这种高需求有助于其实现规模经济、降低生产成本。这里，我们以各地区的 GDP 增长率（growth）代表其市场潜力，它是由 GDP 指数（上年＝100）计算得到。我们预期市场规模和市场潜力较大的地区，其实际利用外资的规模较大。

（2）劳动力成本。中国世界工厂的地位在很大程度上是由廉价的劳动力成本为支撑，这也是外商在华投资集中于劳动密集型产业（如制造业）的重要原因。地区间的经济发展不均衡导致劳动力成本存在一定的差异。低工资对于寻求低成本的外商直接投资极具吸引力，高工资阻碍外资的进入（Lucas，1993；Barrell and Pain，1996）。但是，高工资在一定程度上表示该地区的劳动生产能力较高，工资与外资流入之间可能存在正相关关系（Saunder，1983；Moore，1993；Love and Lave–Hidalgo，2000）。

考虑到数据的可得性以及制造业在中国招商引资中的主导地位，我们选取经居民消费者价格指数平减后的制造业年度平均工资水平（wage）来度量劳动力成本。观察中国各地区的工资水平，我们发现工资水平较高的上海、北京、天津等地，实际利用外商直接投资的规模也较高，但是江苏省的制造业工资水平却并不高。据此我们预计，工资与外商直接投资之间并不必然存在负向关系。

（3）人力资本。人力资本禀赋丰裕的地区在人力资本密集型产品上拥有比较优势（王永进等，2010），较高的人力资本水平有助于生产效率的改善（Costinot，2009），因而有利于提升该地区对外商的吸引力。我们采用识字率（literacy）作为衡量地区人力资本水平的指标。识字率（%）等于非文盲、半文盲占 15 岁及以上人口的百分比。

(4) 基础设施。近年来，中国的交通、通信、水电气供应等基础设施建设有了大幅改善，原材料、零部件的供应能力明显提高，为外商投资生产经营提供了良好的外部条件。完善的基础设施有利于企业根据外部市场状况快速有效地调整生产经营计划，从而降低经营成本（Shirley and Wintson，2004；李涵、黎志刚，2009）。

基础设施水平的度量指标有很多，考虑到交通设施在企业经营中的重要性，我们采用公路密度（$highway$）来度量基础设施水平，公路密度是用公路总里程数除以该地区的总面积计算得到，单位为米/平方公里。之所以没有选择人均公路里程数，是因为缺失各地区的常住人口数量，而使用总人口数进行处理就不能真实地反映出一个地区的基础设施水平。

(5) 市场化程度。外资在决定投资地点时，必定会考虑当地的市场化程度与生产技术水平。对投资者而言，在市场化程度较高的地区投资，不仅风险较低，而且可以消化吸收当地的先进技术。这意味着，市场化程度越高的地区越能吸引外商直接投资（孙俊，2002）。要全面地度量一个地区的市场化程度很难，在这里我们选用各地区非国有及国有控股工业产值占工业总产值的比重来刻画市场化程度（$market$）。

(6) 对外开放程度。经济开放是外商直接投资进入的先决条件，这不仅包括投资领域的开放，也包括投资形式的多样化。回首中国对外开放的历程，从沿海到内地、从东向西、由局部到全面，逐步推进的渐进式开放战略必然造成地区间开放程度的不同。从理论上来说，开放程度越高的地区，对外资的吸引力越大，其实际利用外商直接投资的规模越大。

关于经济开放程度的代理指标，主要有外贸依存度、平均关税税率等，我们借鉴 Chantasasawat et al.（2003）和潘镇（2005）的研究，以各地区的进出口贸易总额占当地国内生产总值的比重表示该地区的经济开放程度（$open$）。需要说明的是，为了剔除汇率变动因素，我们对进出口贸易总额（单位：万美元）进行了汇率换算。

(7) 政策优惠。在投资环境尚未完善的情况下，市场大小、劳动力成本等因素是外商制定投资决策的主要依据，政策优惠在吸引外资方面的作用微乎其微（Wheeler and Mody，1992；Graham and Krugman，1992）。然而，随着投资环境的日益改善，政策优惠措施逐渐成为各地区吸引外资的有力手段（Samuel and Stella，2000），税收优惠是其中很重要的一项举措。中国地区导向型的税收优惠助长了外资在地区分布的不均衡。自 1999 年以后，涉外优惠政策由早期的东部地区向中西部地区倾斜，优惠政策在地区间的差异逐渐缩小。因此我们预计政策优惠对引资起到积极的作用。

这里，我们用各地区涉外企业的税负率（tax）反映对外资企业的政策优惠，税负率越低，政策优惠程度越高，税负率（%）以外商投资和外国企业所得税额占其工业总产值的比重来测度（万莹，2006）。涉外企业所得税率预期与外商直接投资规模存在负向关系。

（8）外商直接投资集聚效应。外商直接投资的聚集效应体现在外资存量影响后续外商直接投资的区位选择（许罗丹、谭卫红，2003）。王剑、徐康宁（2004）、吴丰（2002）在对中国外商投资的研究中发现了明显的聚集效应。外商投资较多的地区，往往提供良好的投资环境和丰厚的政策支持，投资者在选择投资地点时可以参考当地的外商直接投资存量来判断一个地区的市场前景和预期投资收益。因此，我们预计某一地区的外商资本越多，新的外商就更倾向于投资该地区。这里，我们用外商直接投资存量（$stock$）衡量集聚效应。外商直接投资存量的数据是对相应年份的 FDI 流量经过加总整理而得到。

对原始数据的来源作如下说明：各地区涉外企业工业总产值、规模以上非国有及国有控股工业总产值的数据来源于《中国工业经济统计年鉴》，外商投资和外国企业所得税数据来源于《中国税务年鉴》。各地区的面积从中国政府网可查到。各地区支出法 GDP、按可比价格计算的 GDP 指数、各地区进出口贸易总额、国内生产总值、居民消费物价指数、人民币与美元的双边汇率、工业总产值、文盲与半文盲占 15 岁及以上人口的百分比以及公路总长度的数据都来源于《中国统计年鉴》，由于缺失2000年和2001年文盲与半文盲占15岁及以上人口的百分比数据，考虑到该比重的趋势稳定性，我们采用插值法进行了数据补充。

在回归之前我们先对主要变量进行了统计性描述，见表8-1。从各变量的标准差、最大值和最小值的统计来看，过去11年中国实际利用外商直接投资的规模、税收优惠政策、对外开放水平、经济发展水平、基础设施建设以及工资都发生了较大的变化，识字率与市场化程度的变化较小。

表8-1　　　　　　　　主要变量的描述性统计

变量	均值	标准差	最小值	最大值
fdi	1832.73	2556.65	4.10	13311.69
$jsfdi$	10228.25	4349.68	5297.41	17446.10
$stock$	14063.92	23709.66	32.18	166883.70
gdp	52.58	49.72	2.28	338.04
$growth$	11.24	2.54	5.10	23.80
$wage$	130.77	61.25	49.48	412.90
$highway$	474.79	337.32	19.68	1813.26
$literacy$	88.76	5.53	71.02	96.89
tax	197.11	148.22	13.72	1125.59
$open$	31.96	42.70	3.16	179.91
$market$	58.29	18.44	12.85	89.88

二　计量方法与估计结果

采用面板数据的原因有二：一是面板数据表明个体之间存在异质性，时间序列和截面分析没有控制这种异质性，因而估计结果可能有偏；二是面板数据具有更多的信息，变量间更弱的共线性，更大的自由度。因为经济变量的时间序列往往存在异方差问题，为了消除异方差并保持经济变量的时序性，我们对上述所有控制变量和内生变量取自然对数。在多重共线性检验中，我们发现变量 gdp，stock 之间相关度很高，为了避免多重共线性问题影响估计的有效性，我们在选择其他控制变量的同时，在不同的特定模型中检验市场潜力与 FDI 存量对相应地区当期 FDI 实际利用总量的影响。

首先，我们采用普通最小二乘法（OLS）对模型进行估计，估计的结果见表 8-2 中的前两栏。江苏省对其他省份的投资转移效应作用有限，尤其在考虑外商直接投资集聚效应的作用时，这种投资转移效应可以忽略不计。市场规模、基础设施、政策优惠以及 FDI 存量对吸引外商投资起到了显著的推动作用，并且市场规模和 FDI 存量的集聚作用最强，市场潜力与当地的教育水平的激励作用没有通过显著性检验。经济开放程度、市场化程度的正向作用较弱，工资水平仍是外商投资者考量的主要因素之一。

实证研究如果忽略了变量的内生性，回归结果就可能存在有偏性和非一致性问题。江苏省的实际利用外资变量可能具有较强的内生性：其他省份外国直接投资的增加可能会刺激相应省份投资环境的改善，这会进一步增强其引资竞争力，从而恶化江苏省的引资成效。通常的改进做法是寻求一个或多个与江苏省实际利用外资相关，但与其他地区实际利用外资没有必然关联性的变量作为工具变量，进行单方程工具变量的两阶段最小二乘法估计。

工具变量的选取要满足以下条件：工具变量与所"代替"的内生变量之间高度相关；工具变量与结构方程中的随机项不相关；在同一个结构方程中的多个工具变量之间的多重共线性程度较低。遵循以上原则，我们选取 $jsgrowth$，$jswage$，$jsgdp$ 作为江苏省实际利用外资的工具变量。其依据在于：其一，江苏省的经济发展水平、劳动力成本与其他地区招商引资之间没有直接的关系；其二，经济环境因素对当地外资的流入有显著的影响；其三，$jsgrowth$ 与 $jswage$（$jsgdp$）之间的相关系数不高，表明它们之间不存在非常强的多重共线性。表 8-2 报告了工具变量有效性的检验结果。

表8-2　　　　　　　　　基于中国省级面板数据的估计结果

变量	(1) OLS	(2) OLS	(3) FE2SLS	(4) FE2SLS	(5) G2SLS	(6) G2SLS	(7) EC2SLS	(8) EC2SLS
jsfdi	-0.32** (-2.38)	-0.08 (-0.73)	-1.09*** (-4.43)	-0.42* (-1.74)	-1.16*** (-5.27)	-0.35* (-1.80)	-1.16*** (-5.37)	-0.33* (-1.78)
gdp	0.97*** (8.41)		0.75*** (3.34)		1.01*** (8.50)		1.01*** (8.51)	
growth	0.19 (1.12)	0.18 (1.26)	0.33* (1.76)	0.17 (1.13)	0.44** (2.34)	0.27 (1.77)	0.44** (2.34)	0.27* (1.75)
highway	0.46*** (4.95)	0.20*** (2.84)	0.45*** (3.87)	0.40*** (4.22)	0.46*** (4.67)	0.20*** (2.89)	0.46*** (4.67)	0.20*** (2.89)
literacy	1.11 (1.06)	-0.58 (-0.76)	1.37 (1.02)	-1.60 (-1.39)	2.57** (2.26)	-0.17 (-0.21)	2.56** (2.26)	-0.19 (-0.24)
wage	-0.62*** (-2.78)	-0.11 (-0.75)	0.49 (1.32)	-0.16 (-0.55)	0.13 (0.45)	0.15 (0.67)	0.12 (0.43)	0.13 (0.61)
open	0.40*** (4.67)	-0.02 (-0.38)	0.22* (1.67)	0.03 (0.28)	0.34*** (3.81)	-0.06 (-0.91)	0.34*** (3.82)	-0.06 (-0.88)
tax	-0.15*** (-3.03)	-0.11*** (-2.62)	-0.19*** (-3.44)	-0.12** (-2.46)	-0.20*** (-3.62)	-0.13*** (-2.89)	-0.20*** (-3.62)	-0.13*** (-2.88)
market	0.74*** (5.48)	0.16 (1.50)	0.83*** (5.10)	0.40*** (2.86)	0.74*** (5.15)	0.16 (1.48)	0.74*** (5.16)	0.16 (1.48)
stock		0.95*** (20.28)		1.06*** (9.76)		0.94*** (19.92)		0.94*** (19.98)
常数项	-4.06 (-0.97)	1.34 (0.43)	-6.49 (-1.23)	6.23 (1.35)	-10.23** (-2.24)	-0.49 (-0.15)	-10.19** (-2.24)	-0.37 (-0.11)
样本数	308	308	308	308	308	308	308	308
R^2	0.85	0.94	0.81	0.93	0.85	0.94	0.85	0.94
工具变量			jsgrowth jswage	jsgrowth jsgdp	jsgrowth jswage	jsgrowth jsgdp	jwgrowth jswage	jsgrowth jsgdp
Sargan-Hansen 检验			5.66 (0.02)	0.04 (0.85)	3.27 (0.07)	1.31 (0.25)	17.42 (0.04)	23.84 (0.01)

注：*、**、***分别代表10%、5%、1%的显著，Sargan-Hansen检验括号内为通过检验的P值，其他括号内为估计量的t统计值。

为了保证分析结果的稳健性,我们采用三种两阶段最小二乘方法估计。从整体上来看对应模型中同一变量的系数符号是一致的,均有预期的关系,并且大部分都通过了显著性检验。值得注意的是,一旦考虑了地区间外商直接投资的内生性,得到的估计结果表明江苏省对其他省份的投资转移效应更为突出,这从一定程度上解释了江苏省与其他省份之间实际利用外资差距日益增大的外部原因。除此之外,一个地区的经济发展水平、FDI 存量以及基础设施优势对 FDI 的影响最为显著,扩大经济开放程度、完善的市场化体制也是促进外商直接投资流入的有效方式,尽管政策因素仍是影响外资地区分布不平衡的原因之一,但是却处于一个相对次要的地位。人力资本禀赋与廉价的劳动力不再是外商在华投资的关键因素,可能的解释是高工资体现了工人较高的生产能力与努力程度,很多外商愿意支付高工资以雇用到高质量的工人。

三 估计结果的稳健性检验

选取各地区占中国实际利用 FDI 的比例作为被解释变量,重新检验江苏省对其他地区的投资转移效应。从引资规模来看,其他地区远远落后于江苏省,因此不难想象江苏省实际利用外资的增多,必定会导致其它地区实际利用外资的减少。然而,检验这种影响到底有多大仍然具有很强的现实意义。

表 8-3 汇报了实证估计的结果。与我们的预期一致,江苏省国际直接投资流量的增加伴随着其他地区占中国实际利用 FDI 的比例的下降。市场规模、国际直接投资存量、基础设施、市场化程度以及政策因素的作用都非常明显,其中,市场规模、国际直接投资存量的回归系数大致是其他因素回归系数绝对值的 2-5 倍,从而说明强劲的市场需求、外商投资的聚集对于外商直接投资的进入起着最主要的作用。市场潜力与人力资源禀赋对吸引外资起到了一定的促进作用,但是显著水平不高;中国在改革开放初期依靠廉价劳动力吸引了大批外商来华投资,但是随着

经济环境的改善，以低工资来参与国际竞争收效甚微。

表8-3　　　　　　　基于各地区 FDI 比重的估计结果

变量	(1) OLS	(2) OLS	(3) FE2SLS	(4) FE2SLS	(5) G2SLS	(6) G2SLS	(7) EC2SLS	(8) EC2SLS
jsfdi	-0.67*** (-4.83)	-0.55*** (-4.69)	-1.24*** (-4.07)	-1.13*** (-4.56)	-1.48*** (-5.42)	-1.12*** (-5.64)	-1.57*** (-6.10)	-1.06*** (-5.65)
growth	0.11 (0.61)	0.11 (0.77)	0.24 (1.30)	0.24 (1.52)	0.38** (2.00)	0.35** (2.23)	0.41** (2.14)	0.33** (2.14)
gdp	0.35* (1.71)		0.46** (2.08)		0.93*** (7.65)		0.93*** (7.59)	
highway	0.38*** (3.49)	0.33*** (3.58)	0.39*** (3.44)	0.34*** (3.52)	0.43*** (4.32)	0.18** (2.47)	0.43*** (4.28)	0.17** (2.47)
literacy	-0.19 (-0.16)	-2.02* (-1.95)	1.00 (0.74)	-0.75 (-0.63)	2.53** (2.18)	0.32 (0.39)	2.68** (2.30)	0.24 (0.30)
wage	-0.15 (-0.47)	-0.88*** (-4.11)	0.17 (0.45)	-0.37 (-1.29)	-0.39 (-1.23)	-0.02 (-0.09)	-0.31 (-1.01)	-0.08 (-0.36)
open	0.11 (0.93)	0.02 (0.22)	0.17 (1.34)	0.07 (0.64)	0.40*** (4.37)	-0.03 (-0.47)	0.39*** (4.26)	-0.02 (-0.36)
tax	-0.140*** (-2.68)	-0.07* (-1.66)	-0.17*** (-3.03)	-0.11** (-2.26)	-0.17*** (-3.13)	-0.12*** (-2.73)	-0.18*** (-3.20)	-0.12*** (-2.68)
market	0.77*** (5.06)	0.380*** (2.79)	0.81*** (5.14)	0.43*** (3.03)	0.78*** (5.47)	0.19* (1.78)	0.78*** (5.41)	0.19* (1.79)
stock		1.08*** (10.14)		1.04*** (9.30)		0.93*** (19.37)		0.93*** (19.57)
常数项	5.32 (1.13)	14.60*** (3.52)	0.77 (0.14)	9.31* (1.96)	-3.56 (-0.76)	3.98 (1.20)	-4.17 (-0.89)	4.35 (1.32)
样本数	308	308	308	308	308	308	308	308
R^2	0.71	0.76	0.81	0.93	0.84	0.94	0.84	0.94
整体显著性检验	22.26 (0.0000)	53408.09 (0.0000)	53408.09 (0.0000)	71156.36 (0.0000)	247.65 (0.0000)	1084.90 (0.0000)	250.87 (0.0000)	1099.76 (0.0000)
工具变量			jsgrowth jstax	jsgrowth jsgdp	jsgrowth jstax	jsgrowth jsgdp	jsgrowth jstax	jsgrowth jsgdp
Sargan-Hansen 检验			3.71 (0.05)	4.11 (0.04)	1.66 (0.20)	0.53 (0.47)	250.87 (0.04)	22.49 (0.01)

注：*、**、*** 分别代表 10%、5%、1% 的显著，整体显著性检验与 Sargan-Hansen 检验两栏中括号内为通过检验的 P 值，其他括号内为估计量的 t 统计值。

第三节　政策对吸引外商直接投资的贡献度

一　指标的选取

引资竞争除了体现在为外商投资提供优越的经济环境、配套的基础设施之外，对外资实行的政策倾斜也是各国增强竞争力的一个主要手段。不可否认，享受经济特区、经济技术开发区政策优惠的地区无论从 FDI 存量还是流量方面都有很明显的优势，尤其是最早实行对外开放的东部沿海地区更是吸引了绝大部分的在华投资。

中国灵活运用政策干预引导外商投资，诸如税收优惠、放宽信贷条件等（孙俊，2002）。但是，地区间的 FDI 政策竞争逐渐演变成地方官员争取短期政绩的一种手段，政策倾斜必然导致内外资企业之间的不公平竞争，对市场的过度干预也会制约地区的经济发展，并且地区间竞争引发的政策不稳定性从长期来看会加大投资的风险、降低投资者的收益预期，从而抑制外资的进入。祝树金、付晓燕（2008）从内资企业的国际竞争力、区域经济增长、国际收支和人民币升值压力四个角度论述了政策优惠的"负效应"。政策优惠的负面效应可能会削弱其在招商引资方面的作用，并且由于信息传递的滞后性和政府决策的保密性，政策优惠对于外资的激励作用可能在当期不能得到充分地体现。

在接下来的研究中，我们借助中国 29 个省市（不包括西藏、青海）1998—2008 年的相关数据来估计 FDI 的政策效应。为了区分样本范围的不同，我们对相应的变量名称稍作改动，但保持变量的经济学意义不变。这里，我们不再考虑 FDI 的集聚效应，因为这对模型的估计会造成很大偏差。关于相关指标的设定、数据来源及其对 FDI 的预期影响请参见前文，在此不再赘述。

值得一提的是，在第二节中，我们选用各地区非国有及国有控股工业产值占工业总产值的比重来刻画市场化程度（MARKET），这一指标的选取较好地反映了中国的市场经济水平。除此之外，市场化指数也常被用来测度市场化程度。市场化指数（MARKETI）的数据取自于《中国市场化指数——各地区市场化相对进程报告》。这一市场化指数以客观的统计指标和调查指标作为计算的基础，基本概括了市场化的各个主要方面，较好地反映出各地区市场化改革的深度和广度。这里我们同时选取以上两个指标来度量市场化程度。

已有研究除了采用涉外企业税负率来从侧面反映政策因素之外，税收优惠指数也常被用来度量政策优惠幅度（祝树金、付晓燕，2008）。考虑到数据的可得性以及估计结果的稳健性，我们采用两类指标来度量政策因素：涉外企业税负率（TAX）和税收优惠指数（PLOICY）。涉外企业税负率的指标设定仍采用外商投资与外国企业所得税额占其工业总产值的比重，下面我们重点介绍税收优惠指数的构建方法。

1978年十一届三中全会确立了中国对外开放的基本国策。由此一系列的对外开放、吸引外资的政策相继出台。主要包括：建立经济特区，开放沿海城市和地区，设立经济技术开发区、高新技术高发区和保税区，开放部分省会和自治区首府城市，开放部分沿江城市，建立边境经济合作区。相关优惠政策出台的时间表和涉及地区见表8-4。

表8-4　　　　　　　中国引资政策优惠时间表

时间	优惠类型	涉及城市（按地级市计）	各省、直辖市分配（数量）
1979	经济特区	深圳、珠海、汕头	广东3
1980	经济特区	厦门	福建1
1984	沿海开放市	大连、秦皇岛、天津、烟台、青岛、连云港、南通、上海、宁波、温州、福州、广州、湛江、北海	辽宁1，河北1，天津1，山东2，江苏2，上海1，浙江2，福建1，广东2，广西1
1984	技术开发区	天津、秦皇岛、大连、南通、连云港、青岛、烟台、广州、湛江	辽宁1，河北1，天津1，山东2，江苏2，广东2

第八章 外商直接投资在中国区位选择的经验研究

续表

时间	优惠类型	涉及城市（按地级市计）	各省、直辖市分配（数量）
1985	沿海开放市	苏州、无锡、常州、嘉兴、湖州、佛山、江门、广州、深圳、珠海、惠州、厦门、漳州、泉州、上海	江苏3，浙江2，福建3，广东6，上海1
1986	技术开发区	闵行、虹桥	上海2
1987	保税区	沙头角	广东1
1988	沿海开放区	天津、唐山、沧州、秦皇岛、丹东、营口、盘锦、锦州、鞍山、辽阳、大连、沈阳、南京、镇江、扬州、盐城、南通、连云港、杭州、绍兴、嘉兴、湖州、宁波、温州、台州、宁德、威海、潍坊、淄博、青岛、烟台、日照、梧州、北海、玉林、钦州、防城港	天津1，辽宁8，河北3，江苏6，浙江7，福建1，山东6，广西5
	经济特区	海南省，包括海口和三亚两市	海南2
	技术开发区	漕河泾	上海1
1990	保税区	上海	上海1
	浦东新区	浦东	上海1
1991	保税区	天津、福田	天津1，广东1
	高新技术开发区	天津、石家庄、沈阳、大连、长春、哈尔滨、上海、南京、杭州、合肥、福州、厦门、济南、威海、郑州、武汉、长沙、广州、深圳、中山、桂林、海南、重庆、成都、西安、兰州	天津1，河北1，辽宁2，吉林1，黑龙江1，上海1，江苏1，浙江1，安徽1，福建2，山东2，河南1，湖北1，湖南1，广东3，广西1，海南1，重庆1，四川1，陕西1，甘肃1
1992	技术开发区	营口、昆山、宁波、温州、福清、威海	辽宁1，浙江2，江苏1，山东1，福建1
	长江沿岸主要城市	重庆、岳阳、武汉、九江、芜湖	重庆1，湖南1，湖北1，江西1，安徽1

139

对外开放与企业创新：政策竞争视角

续表

时间	优惠类型	涉及城市（按地级市计）	各省、直辖市分配（数量）
1992	部分首府城市	乌鲁木齐、南宁、昆明、哈尔滨、长春、呼和浩特、石家庄、太原、合肥、南昌、郑州、长沙、成都、贵阳、西安、兰州、西宁、银川	新疆1、广西1、云南1、黑龙江1、吉林1、内蒙古1、河北1、山西1、安徽1、江西1、河南1、湖南1、四川1、贵州1、陕西1、甘肃1、青海1、宁夏1
	边境经济合作区	凭祥、东兴、河口、瑞丽、伊宁、博乐、塔城、霍尔果斯、满洲里、二连浩特、黑河、绥芬河、珲春、丹东	广西2、云南3、新疆4、内蒙古2、黑龙江2、吉林1、辽宁1
	高新技术开发区	北京、保定、太原、包头、鞍山、吉林、大庆、常州、无锡、苏州、南昌、青岛、淄博、潍坊、洛阳、襄樊、株洲、珠海、佛山、惠州、南宁、绵阳、贵阳、昆明、宝鸡、乌鲁木齐	北京1、河北1、山西1、内蒙古1、辽宁1、吉林1、黑龙江1、江苏3、江西1、山东3、河南1、湖北1、湖南1、广东3、广西1、四川1、贵州1、云南1、陕西1、新疆1
	保税区	大连、张家港、宁波、福州、厦门、青岛、广州、海口	辽宁1、江苏1、浙江1、福建2、山东1、广东1、海南1
1993	技术开发区	沈阳、长春、哈尔滨、杭州、萧山、芜湖、福州、东山、武汉、广州南沙、惠州、重庆	安徽1、广东2、黑龙江1、湖北1、辽宁1、重庆1、福建2、吉林1、浙江2
	保税区	汕头	广东1
1994	技术开发区	乌鲁木齐、北京	新疆1、北京1
1995	技术开发区	苏州	江苏1
1995	沿海开放市	北京	北京1
1996	保税区	盐田港、珠海	广东2
2000	技术开发区	郑州、呼和浩特、合肥、南昌、长沙、成都、贵阳、昆明、西安、西宁、石河子	河南1、内蒙古1、安徽1、江西1、湖南1、四川1、贵州1、云南1、陕西1、青海1、新疆1
2001	技术开发区	太原、南宁、拉萨、银川、宁波、洋浦、上海、厦门	山西1、广西1、西藏1、宁夏1、浙江1、海南1、上海1、福建1
2002	技术开发区	南京、兰州	江苏1、甘肃1
2006	滨海新区	天津	天津1

关于各种政策的优惠程度，并无统一的指标衡量。祝树金、付晓燕（2008）通过对不同政策的加权之和作为政策优惠指数，但并没有给出对各种政策权重赋值的定量依据。本章在已有研究方法的基础上，以企业所得税税率优惠（见表8-5）为依据确定政策权重。由表8-5可知相应的政策优惠权重分别为：

权重=3：经济特区、上海浦东新区和天津滨海新区

权重=2：国家级经济技术开发区（共54个，包括享受国家级经济技术开发区政策的其他国家级工业园区）、高新技术产业开发区、保税区

权重=1：边境经济合作区、沿海、沿江、内陆开放城市和经济开放区

权重=0：无政策优惠地区

表8-5　　　　　　　　外商投资企业所得税税率汇总

政策内容	全国	经济特区	经济技术开发区	高新技术产业开发区	保税区	边境经济合作区	沿海、沿江、内陆开放
1. 生产性企业	30.0%	15.0%	15.0%	15.0%	15.0%	24.0%	24.0%
2. 非生产性企业	30.0%	15.0%	30.0%	30.0%	30.0%	30.0%	30.0%
①知识密集、技术密集型项目以及技术研发中心，外商投资回收时期长的项目	30.0%	15.0%	15.0%	15.0%	15.0%	15.0%	15.0%
②产品出口企业，按规定减免税期满后，当年出口值占总产值70%以上的	15.0%	10.0%	10.0%	10.0%	10.0%	12.0%	12.0%
平均优惠程度	0	45.8%	33.3%	33.3%	33.3%	22.5%	22.5%
政策权重	0	3	2	2	2	1	1

结合表8-5给出的政策优惠在各省市的分布情况，加权计算得到

表8-6的政策优惠指数。表8-6显示,广东省、江苏省、山东省、辽宁省以及浙江省的税收优惠指数远高于其他地区,而这些地区的FDI流入量也位居全国前列,从表面上来看,FDI与政策优惠之间存在一定的关联。在开始介绍估计结果之前,我们借助中国1998—2008年FDI与税收优惠指数的关系图,对政策优惠的实际效果进行初步的观察和预测。①

表8-6　　　　　　　　　政策优惠指数

时间	1998	1999	2000	2001	2002	2003	2004	2005	2006	2007	2008
北京	5	5	5	5	5	5	5	5	5	5	5
天津	8	8	8	8	8	8	8	8	11	11	11
河北	11	11	11	11	11	11	11	11	11	11	11
山西	3	3	3	5	5	5	5	5	5	5	5
内蒙古	5	5	7	7	7	7	7	7	7	7	7
辽宁	25	25	25	25	25	25	25	25	25	25	25
吉林	8	8	8	8	8	8	8	8	8	8	8
黑龙江	9	9	9	9	9	9	9	9	9	9	9
上海	14	14	14	16	16	16	16	16	16	16	16
江苏	29	29	29	29	31	31	31	31	31	31	31
浙江	23	23	23	25	25	25	25	25	25	25	25
安徽	6	6	8	8	8	8	8	8	8	8	8
福建	22	22	22	24	24	24	24	24	24	24	24
江西	4	4	6	6	6	6	6	6	6	6	6
山东	26	26	26	26	26	26	26	26	26	26	26
河南	5	5	7	7	7	7	7	7	7	7	7
湖北	7	7	7	7	7	7	7	7	7	7	7
湖南	6	6	8	8	8	8	8	8	8	8	8
广东	49	49	49	49	49	49	49	49	49	49	49
广西	13	13	13	15	15	15	15	15	15	15	15

---

① 为了更直观地反映FDI与税收优惠政策的走势,我们对FDI的数据进行了处理。

续表

时间	1998	1999	2000	2001	2002	2003	2004	2005	2006	2007	2008
海南	10	10	10	12	12	12	12	12	12	12	12
重庆	5	5	5	5	5	5	5	5	5	5	5
四川	5	5	7	7	7	7	7	7	7	7	7
贵州	3	3	5	5	5	5	5	5	5	5	5
云南	6	6	8	8	8	8	8	8	8	8	8
陕西	5	5	5	5	5	5	5	5	5	5	5
甘肃	3	3	3	3	5	5	5	5	5	5	5
宁夏	1	1	1	3	3	3	3	3	3	3	3
新疆	8	8	10	10	10	10	10	10	10	10	10

表 8-7 汇报了主要变量的统计特征。对比表 8-7 与表 8-1，江苏省的加入抬高了 FDI、工资、经济发展水平、基础设施以及经济开放程度等指标的平均值，拉低了人力资本、税负率以及市场化程度指标的平均值。这表明，江苏省良好的经济环境、完善的基础设施以及优惠的政策在其吸引外商投资方面具有一定的积极作用。

表 8-7　　　　　　　　　　　主要变量的描述性统计

变量	均值	标准差	最小值	最大值
FDI	2122.23	3052.34	4.10	17446.10
TAX	193.56	146.90	13.72	1125.59
PLOICY	12.15	10.26	1.00	49.00
GDP	55.93	53.72	2.28	338.04
GROWTH	11.29	2.53	5.10	23.80
WAGE	131.11	60.98	49.48	412.90
HIGHWAY	483.79	342.71	19.68	1813.26
LITERACY	88.69	5.48	71.02	96.89
MARKETI	5.93	2.08	1.72	12.76
OPEN	33.29	42.87	3.16	179.91
MARKET	57.01	19.39	11.36	89.88

通常我们认为，对外资实行的"超国民待遇"在吸引 FDI 方面具有一定的促进作用，反映在税收优惠指数上，就意味着税收优惠与 FDI 之间存在正相关关系。从图 8-2 中我们发现，在这 11 年中，中国的 FDI 一直保持快速的增加，但是中国整体的税收优惠程度只是略微有所增加，两者之间存在一定的正向关系。这比较贴近现实的情况，因为中国的引资大省如江苏省、广东省、辽宁省等地区，都对外资采取了诸多的政策优惠，至少从表面上来看政策激励对招商引资起到了一定的积极作用。

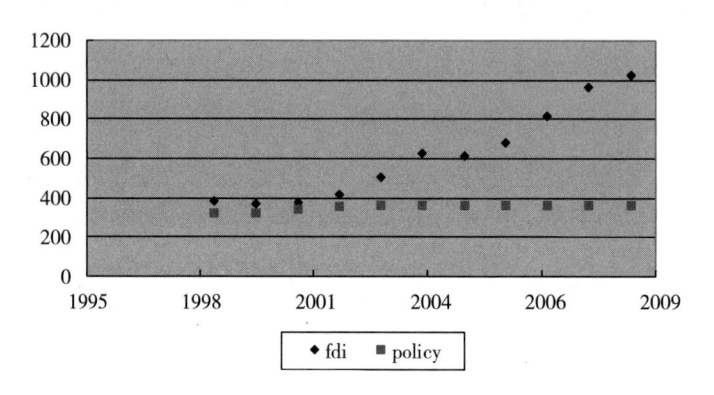

图 8-2 中国实际利用 FDI 与税收优惠指数的关系

然而，随着中国经济的快速发展以及市场化进程的不断推行，以政府为主导逐渐转变为市场为导向的引资策略，也就是说，越来越多的来华投资者看重的不再是短期的政策补贴而是中国成熟良好的经济环境。这一点在上一节已经得到证实，即相比于其他因素而言，政策因素对投资者的决策影响甚为微弱。但是，政策优惠对于 FDI 的作用大小还依赖于其他因素，所以我们不能就此断定政策优惠对吸引 FDI 流入没有明显的作用，这还有待于我们进行更为严格的经验分析。

二 模型的估计结果

我们引入反映投资环境的相关变量（见表 8-4），对政策优惠的有效性进行分析。基本的实证模型设定如下：

$$FDI_{i,t} = \sigma + \delta PV_{i,t} + \eta' z_{i,t} + e_{i,t} \qquad (8.2)$$

其中，下标 i，t 分别代表地区 i 和时间 t；FDI，PV（涉外企业税负率 TAX 和税收优惠指数 $PLOICY$）分别代表29个地区1998—2008年实际利用的外商直接投资与政策因素；$z_{i,t}$ 表示影响各地区实际利用 FDI 的投资环境方面的相关变量。

我们在模型的估计过程中对所有变量取自然对数。因为选取的样本特点是截面数远远大于时期数，并且考虑到面板数据模型中的截面异方差，所以我们在采用混合最小二乘法（OLS）的基础上，进一步运用广义最小二乘法（GLS）对模型进行了稳健性估计。表8-8汇报了模型的估计结果。

在回归组合（1）-（4）中，我们以税收优惠指数来度量政策因素，并报告了普通最小二乘法和广义最小二乘法的估计结果。结果表明，税收优惠指数的估计系数为正并具有统计显著性，但相比于其他因素而言，税收优惠对中国 FDI 的影响较弱，工资水平、市场化程度、经济规模、交通基础设施以及经济开放水平都对 FDI 具有显著的影响。

在模型（5）-（8）中，我们以涉外企业税负率来考察政策优惠对 FDI 的贡献度，并报告了两类市场化指标的估计结果。回归结果显示，税负率的系数为负，并且在5%的水平上通过显著性检验，工资水平的系数为负，市场规模、市场化程度、交通基础设施以及经济开放水平的系数都为正，并且均在1%水平通过显著性检验。

总而言之，税收优惠指数和税负率从正反两方面证明了政策优惠对 FDI 的流入起到了明显的促进作用。在分别采取税收优惠指数与税负率反映政策因素的模型中，低工资、广阔的市场以及完善的基础设施都是吸引外商在中国投资的重要因素，经济开放程度的提高也有助于增加中国对投资者的吸引力，政策因素的作用不大。无论是以各地区非国有及国有控股工业产值占工业总产值的比重还是市场化指数刻画的市场化程度，都在1%水平通过显著性检验，市场化改革在推进外商在中国投资方面具有显著的影响，市场化程度越高，中国实际利用FDI的规模越大。

人力资本水平的估计系数随市场化指标的选取变化较大，并且在广义最小二乘法的估计中不具备统计上的显著性。之所以会出现人力资本禀赋作用不显著，有两点可能的原因：一是限于数据的可得性，我们选取识字率来反映一个地区的人力资本水平，采用就业人员的教育水平得到的估计结果可能会更加准确地度量出人力资本水平对FDI的影响；二是人力资本禀赋较高的地区在吸引人力资本密集型投资上拥有比较优势，而外商在中国的投资有很大一部分集中在对就业人员素质要求不高的制造业。

表8-8　　　　　　　　　　政策有效性检验结果

变量	(1) OLS	(2) OLS	(3) GLS	(4) GLS	(5) OLS	(6) OLS	(7) GLS	(8) GLS
POLICY	0.25*** (2.98)	0.35*** (4.20)	0.31** (2.31)	0.22* (1.66)				
TAX					-0.18*** (-3.06)	-0.21*** (-3.44)	-0.17*** (-3.23)	-0.13** (-2.50)
GROWTH	0.52** (2.45)	0.74*** (3.54)	0.29* (1.68)	0.13 (0.76)	0.35 (1.61)	0.57*** (2.67)	0.24 (1.41)	0.09 (0.58)
GDP	0.71*** (10.67)	0.82*** (12.92)	0.86*** (6.90)	0.93*** (7.92)	0.83*** (14.58)	1.00*** (21.25)	0.93*** (7.94)	0.97*** (8.62)
HIGHWAY	0.55*** (8.57)	0.62*** (9.96)	0.48*** (5.10)	0.45*** (4.90)	0.49*** (8.04)	0.55*** (9.10)	0.44*** (4.74)	0.43*** (4.69)
LITERACY	3.96*** (6.52)	3.60*** (5.78)	0.90 (0.87)	-0.13 (-0.13)	4.22*** (6.86)	3.90*** (6.10)	1.47 (1.44)	0.25 (0.25)
WAGE	-1.65*** (-11.70)	-1.34*** (-10.36)	-0.97*** (-5.10)	-0.94*** (-5.25)	-1.61*** (-11.06)	-1.32*** (-9.62)	-0.92*** (-4.90)	-0.88*** (-4.85)
OPEN	0.44*** (8.21)	0.50*** (9.32)	0.28*** (3.06)	0.37*** (4.23)	0.52*** (12.01)	0.63*** (15.20)	0.34*** (4.11)	0.41*** (4.97)

续表

变量	(1) OLS	(2) OLS	(3) GLS	(4) GLS	(5) OLS	(6) OLS	(7) GLS	(8) GLS
MARKETI	1.41*** (5.22)		0.68*** (2.73)		1.46*** (5.52)		0.68*** (2.78)	
MARKET		0.37*** (3.87)		0.80*** (6.07)		0.34*** (3.43)		0.79*** (5.95)
常数项	−10.29*** (−3.88)	−12.75*** (−4.85)	−1.70 (−0.42)	0.93 (0.23)	−10.88*** (−4.04)	−13.41*** (−4.96)	−3.59 (−0.89)	−0.39 (−0.10)
可决系数	0.89	0.89	0.85	0.86	0.89	0.88	0.86	0.87
整体性	319.02	306.02	821.29	825.75	319.55	299.87	825.75	763.11
样本数	319	319	319	319	319	319	319	319

注：*、**、***分别代表10%、5%、1%的显著，括号内汇报的是估计量的 t 统计值。

第四节 结论与启示

本章使用1998—2008年中国省级面板数据，构建了投资转移效应指数和政策优惠指标，运用多种估计方法对地区间的投资转移效应和政策优惠的有效性进行初步估计，并且考察了市场化水平、市场规模、劳动力成本、基础设施、经济开放程度等诸多因素对中国招商引资的影响。

研究发现，江苏省对于其他省份的外商直接投资存在显著的转移效应。这意味着，如果其他省份不改善自身的投资环境增加竞争力，那么更多的在华投资将流入江苏省，加剧省际之间的不平衡。这与Chantasasawat et al. (2003) 的结论不同，他们否定了中国对其他亚洲国家的投资转移，认为外商在华投资的增加会带动其他亚洲国家实际利用 FDI 的规模。用涉外企业税负率和税收优惠指数从正反面测度了政策优惠在引资方面的促进作用，证实高税负率对 FDI 起到一定的抑制作用。市场化与对外开放程度的日益提高、强劲的市场需求、完善的基础设施以及廉价的劳动力等是外商在中国投资的主要依据，人力资本水平与市场潜力的作用并不明显。

中国在实行全面对外开放的大背景下，经济的平稳快速发展在很大程度上依赖于外商直接投资的持续增加。地区间的竞争日趋激烈，开放度高、基础设施健全、经济发展水平高的地区往往招商引资的成效显著，由此伴随而来的是相对较快的经济增长和日益增强的引资竞争力。在此基础上，地区间投资转移效应的存在，会进一步拉大地区间经济水平的差距，削弱经济落后地区对外商的吸引力。为了避免这些问题，外商投资规模较低的地区应加强基础设施建设，不断完善市场经济体制，扩大开放领域，降低外资的进入成本和经营风险，通过适当的政策倾斜增强对外商投资的吸引力，避免地区间的恶性引资竞争。

对外资的政策倾斜已不再是外商在华投资的主要原因，2010年12月中国对内外资企业实行统一的所得税率，政策因素的作用将会变得更加微弱。低劳动力成本仍是诸多企业来华投资的主要原因，通货膨胀、人民币升值压力等因素催生了工资的上升，中国的工资水平已超过越南、印度尼西亚等国，这意味着中国逐渐丧失了低成本优势。虽然目前印度、东南亚等国还没有对中国的招商引资构成很大的威胁，但是这些国家低廉的劳动力成本、广阔的市场以及相关的政策支持不免会影响到中国的引资竞争力，这点需要引起政府足够的重视。寻找新的竞争优势、深化对外开放、加快市场化进程、保持经济的稳步快速发展是中国增强自身对外商吸引力的主要手段和渠道。

第九章　对外直接投资的经验研究：以辽宁为例

近年来，世界正经历百年未有之大变局，民粹主义和逆全球化思潮有所抬头，传统外需市场长期低迷，保护主义和单边主义对世界经济的负面影响逐步显现，发达经济体贸易保护主义势力抬头，试图通过经贸摩擦、竞争中性、国家安全审查等新手段重塑全球贸易投资规则。2019年4月，欧盟《外资审查条例》正式生效，该条例明确了欧盟成员国可以合法阻止外资对涉及关键基础设施、技术、原材料和敏感信息的收购交易，中国对外直接投资面临更加严格的审查。同年9月，美国财政部发布了《外国投资风险审查现代化法案》（FIRRMA）实施细则，列举了28类关键基础设施。

针对中国企业的贸易保护主义愈演愈烈，2011年辽宁遭遇贸易摩擦的涉案企业68家，涉案金额8700万美元。与此同时，国内市场竞争日趋国际化、国内市场萎缩。只有依靠对外开放才能统筹好国际国内两个市场。全方位的对外开放，除了要注重引进外资，将世界先进的创新能力、管理能力、高素质人才等吸引进来，还要积极主动地参与国际竞争。第八章集中分析了中国引进外资的相关问题，本章聚焦中国的对外直接投资问题。诚然，我们希望能够对中国所有企业的对外直接投资情况进行全面深入的分析，但限于能力和信息约束，这里只对作者曾参与实地调研的辽宁省展开研究。

随着改革开放和市场化进程的加快，辽宁省作为东北重要的老工业基地，其机制性和结构性等深层矛盾开始凸显，一些依赖自然资源的产业面临自然资源枯竭的严峻局面，辽宁抚顺、阜新、盘锦等城市已被国家确立为资源枯竭型城市，缺乏经济发展内生动力、自身投资环境不佳，辽宁企业通过寻求海外合资合作、并购海外企业等战略措施，以此来获取战略性资源、开拓新的市场显得尤为迫切。在国内市场竞争日趋国际化、资源型产业面临枯竭，缺乏经济发展内生动力、产业结构不尽合理、与其他国家的贸易摩擦日益增多的背景下，拉美、非洲等新兴经济体经济增长潜力大、资源丰富、投资环境日益改善，与辽宁在经济上存在很强的互补性。这一系列因素使得辽宁企业开拓拉美、非洲新兴地区市场变得切实可行。鼓励企业"走出去"参与全球化生产和资源配置，助力辽宁省经济社会全面振兴，对辽宁省具有重大的战略意义和积极的现实意义。

不容忽视的是，国际环境的改变会导致企业跨国投资能力与外部风险的不对称性更加明显，不同的投资方式对企业以及目标国的经济利益会产生不同的重要影响，这便要求企业权衡不同投资方式的利弊作出选择。此外，各国的政策干预又会增加企业投资决策的难度。这要求辽宁企业向拉美、非洲地区投资应更为谨慎。而对辽宁省来说，企业"走出去"是产业调整和产业转移的必然选择，影响着本省产业结构的优化升级，在促进企业向拉美、非洲等新兴地区跨国投资方面，应该出台哪些有效的举措是亟待解决的问题。鉴于此，本章结合辽宁企业对外投资的现状和其他省份的经验，提出促进辽宁企业投资方面的几点建议。

第一节　中国对拉美、非洲投资的特征研究

据商务部对外投资和经济合作司统计，2014年1—8月，中国境内

投资者共对全球150个国家和地区的4067家境外企业进行了直接投资，累计实现非金融类对外直接投资651.7亿美元，同比增长15.3%。根据国家有关部门规定，除个别特殊敏感领域外，2014年起对外投资已经由审批制转变为备案制，这无疑加大了企业对海外投资的鼓励力度。随着中国对外投资快速增加，2015年中国成为资本净输出国。中国民营企业的对外投资大大上升，2014年中国民营企业海外投资呈爆发式增长，上半年披露的中国内地民营企业海外并购金额较2013年下半年暴增218.6%，而同期国有企业海外并购金额环比增幅仅为5%。

在全球经济复苏步履蹒跚、全球和发达经济体流出流量大幅下挫的2012年，中国对外直接投资流量增幅达到了17.6%，突显出中国对外直接投资超凡的内生动力和增长潜力。2013年，中国对外直接投资继续保持强劲增势，首次突破千亿美元。表9-1显示，从投资地区来看，流向拉丁美洲的投资达143.6亿美元，占比13.3%，实现了132.7%的高速增长；流向非洲的投资33.7亿美元，占比3.4%，同期增长33.9%。

表9-1　　　　中国对外直接投资流量情况（分国家地区）

	2011年（亿美元）	比例（%）	2012年（亿美元）	比例（%）	2013年（亿美元）	比例（%）
合计	746.5	100	878.1	100	1078.4	100
亚洲	454.9	60.9	647.8	73.8	756.0	70.1
拉丁美洲	119.4	16.0	61.7	7.0	143.6	13.3
欧洲	82.5	11.1	70.4	8.0	59.5	5.2
北美洲	24.8	3.3	48.8	5.6	49.0	4.5
大洋洲	33.2	4.5	24.2	2.7	36.6	3.4
非洲	31.7	4.2	25.2	2.9	33.7	3.1

资料来源：《2011—2013年度中国对外直接投资统计公报》。

中国商务部投资促进局局长刘殿勋2014年4月17日在首届中国跨境投资并购峰会上指出，截至2014年4月，中国已对全球156个国家和地区5090家境外企业进行了直接投资，基本保持两位数增长，但中国海外投资总额依然偏低。对外直接投资的地区分布日益广泛，投资主体结构进一步优化，央企、国企继续发挥主导作用，民营和地方企业快速增长；行业构成齐全、高度集中，投资领域已经从能源、矿产行业逐步向高新技术、高端制造业进行转移；跨国并购发展迅速，但失败比例仍然较高。

从表9-2可以看出，2011—2013年中国对外直接投资净额中，第三产业投资最多，占对外直接投资总量的60%以上；其次是第二产业，占对外直接投资总量的30%以上；对第一产业的直接投资最少，占对外直接投资总量的不足2%。以2013年为例，在第二产业中，采矿业所占比例最高，达到23.0%，其次是制造业，达到6.7%，对建筑业和电力、热力、燃气及水生产和供应业的直接投资净额比较少，分别占到4.0%、0.6%。在第三产业中，租赁和商务服务业所占比例最高，达到25.1%，其次是金融业，达到14.0%，批发和零售也不低，达到13.6%。中国对外直接投资的第三产业门类齐全，几乎所有服务业都有投资。

表9-2　　　　　　　　中国对外直接投资分行业情况

	2011（亿美元）	比例（%）	2012（亿美元）	比例（%）	2013（亿美元）	比例（%）
总计	746.5	100	878.0	100	1078.4	100
农、林、牧、渔业	8.0	1.1	14.6	1.7	18.1	1.7
第一产业总计	8.0	1.1	14.6	1.7	18.1	1.7
采矿业	144.5	19.4	135.4	15.4	248.1	23.0
制造业	70.4	9.4	86.7	9.9	72.0	6.7
电力、热力、燃气及水生产和供应业	18.8	2.5	19.4	2.2	6.8	0.6
建筑业	16.5	2.2	32.5	3.7	43.6	4.0
第二产业总计	250.1	33.5	273.9	31.2	370.5	34.4
批发和零售	103.2	13.8	130.5	14.9	146.5	13.6

续表

	2011（亿美元）	比例（%）	2012（亿美元）	比例（%）	2013（亿美元）	比例（%）
交通运输、仓储和邮政业	25.6	3.4	29.9	3.4	33.1	3.1
住宿和餐饮业	1.2	0.2	1.4	0.2	0.8	0.07
信息传输、软件和信息技术服务业	7.8	1.0	12.4	1.4	14.0	1.3
金融业	60.7	8.1	100.7	11.5	151.1	14.0
房地产业	19.7	2.6	20.2	2.3	39.5	3.7
租赁和商务服务业	256.0	34.3	267.4	30.5	270.6	25.1
科学研究和技术服务业	7.1	0.9	14.8	1.7	17.9	1.7
水利、环境和公共设施管理业	2.6	0.3	0.3	0	1.4	0.1
居民服务、修理和其他服务业	3.3	0.4	8.9	1.0	11.3	1.0
教育	0.2	0.03	1.0	0.1	0.4	0.04
卫生和社会工作	0.1	0.009	0.1	0	0.2	0.02
文化、体育和娱乐业	1.0	0.361	2.0	0.1	3.1	0.3
第三产业总计	488.5	65.4	589.5	67.1	689.8	63.9

资料来源：国家统计局《2013年中国统计年鉴》整理所得。

从表9-3可以看出，中国对亚洲的覆盖率最高，为97.9%；其次，由高到低依次为：非洲（86.7%）、欧洲（85.7%）、北美洲（75.0%）、拉丁美洲（60.4%）、大洋洲（50.5%）。

表9-3　　　2013年末中国境外企业在世界各地区覆盖比率

地区	覆盖率（%）
亚洲	97.9
非洲	86.7
欧洲	85.7
北美洲	75.0
拉丁美洲	60.4
大洋洲	50.5

资料来源：《2013年度中国对外直接投资统计公报》。

截至2013年末，中国企业尚未进行投资的国家还有很多，其中拉丁美洲有19个、非洲有8个。以非洲的索马里为例，索马里是各国货轮出入苏伊士运河的必经海路，由于内战连绵不断，社会、教育体系已经崩溃多年；交通运输落后，境内以公路为主，除一条70年代中国援建的铁路外，境内无铁路，海上运输占重要地位。当地投资环境恶劣使得中国企业没有投资的兴趣。拉丁美洲以海地为例。海地是世界上最为贫困的国家之一，经济以农业为主，基础设施建设非常落后；由于能源不足，其工业非常不发达，失业率极高，三分之二的工人没有固定的工作。这些不利因素导致中国仍未对其开展投资。

表9-4　　　2013年末中国境外企业未涉及的国家（地区）

地区	数量	国家（地区）名称
非洲	8	加那利群岛、赛卜泰、留尼汪、索马里、梅利利亚、斯威士兰、马约特、西撒哈拉
拉丁美洲	19	阿鲁巴、博内尔、库腊群岛、法属圭亚那、瓜德罗普、危地马拉、海地、洪都拉斯、马提尼克、蒙特塞拉特、波多黎各、萨巴、圣卢西亚、圣马丁岛、萨尔瓦多、特克斯和凯斯群岛、圣其茨和尼维斯、圣皮埃尔和密克隆、荷属安地列斯

资料来源：《2013年度中国对外直接投资统计公报》。

2013年，中国在非洲对外直接投资的国家主要是津巴布韦、肯尼亚、安哥拉、尼日利亚、阿尔及利亚等。其中对津巴布韦的直接投资净额占非洲总量的 15.4%，对肯尼亚的直接投资净额占非洲总量的 6.8%。2011—2013 年间，中国在上述 5 个国家投资的比重都有较大波动，这主要是因为中国对非洲的总投资在 2012 年有较大幅度的下降，而对安哥拉、尼日利亚、阿尔及利亚等国家增加了投资。

表 9-5　　中国对非洲主要国家（地区）的直接投资流量情况

	2011 年（亿美元）	比例（%）	2012 年（亿美元）	比例（%）	2013 年（亿美元）	比例（%）
非洲合计	31.7	100	25.2	100	33.7	100
津巴布韦	4.4	13.9	2.9	11.5	5.2	15.4
肯尼亚	0.7	2.2	0.8	3.2	2.3	6.8
安哥拉	0.7	2.2	3.9	15.5	2.2	6.5
尼日利亚	2.0	6.3	3.3	13.1	2.1	6.2
阿尔及利亚	1.1	3.5	2.5	9.9	1.9	5.6

资料来源：《2011—2013 年度中国对外直接投资统计公报》。

2013 年，中国已经成为拉丁美洲第三大外商直接投资来源国，主要流向开曼群岛、英属维尔京群岛、厄瓜多尔、委内瑞拉、巴西等。其中，对避税地开曼群岛和英属维尔京群岛的投资达 124.7 亿美元，占对拉美地区投资总额的 86.8%。但是应该注意到，2012 年中国在拉丁美洲的对外直接投资不足 2013 年的一半，也远低于 2011 年的投资水平，根本原因在于 2012 年中国在开曼群岛的投资仅为 8.3 亿美元。

表 9-6　　中国对拉丁美洲主要国家（地区）的直接投资流量情况

	2011 年（亿美元）	比例（%）	2012 年（亿美元）	比例（%）	2013 年（亿美元）	比例（%）
拉美合计	119.4	100	61.7	100	143.6	100
开曼群岛	49.4	41.4	8.3	13.5	92.5	64.4
英属维尔京群岛	62.1	52.0	22.4	36.3	32.2	22.4
厄瓜多尔	–	–	3.1	5.0	4.7	3.3
委内瑞拉	0.8	0.7	15.4	25.0	4.3	3.0
巴西	1.3	1.1	1.9	3.1	3.1	2.2
阿根廷	1.9	1.6	7.4	12.0	2.2	1.5

资料来源：《2011—2013 年度中国对外直接投资统计公报》。

从存量行业分布情况看，截至 2013 年末中国对拉美、非洲地区直接投资的行业高度集中。中国对非洲的投资领域主要分布在采矿业（26.4%）、建筑业（26.1%）、金融业（14.0%）、制造业（13.4%）、科学研究和技术服务业（5.1%），这五大行业占到了中国对非洲直接投资总量的 85.0%。中国对拉丁美洲的投资领域主要分布在租赁和商务服务业（47.7%）、采矿业（17.3%）、金融业（14.1%）、批发和零售业（9.9%）、交通运输、仓储和邮政业（2.6%），这五大行业占到了中国对拉丁美洲直接投资总量的 91.6%。2014 年上半年，中国对拉美直接投资增长放缓，增长了 2.2%，但是直接投资也达到 90.6 亿美元，且投资从农矿逐步向电力、制造业、农业和金融等延伸，投资方式也日趋多元。

表 9-7　2013 年末中国对非洲和拉丁美洲直接投资存量前五位的行业

地区	行业	存量（亿美元）	比重（%）
非洲	采矿业	69.2	26.4
	建筑业	68.4	26.1
	金融业	36.6	14.0
	制造业	35.1	13.4
	科学研究和技术服务业	13.4	5.1
	小计	222.7	85.0
拉丁美洲	租赁和商务服务业	410.8	47.7
	采矿业	149.3	17.3
	金融业	120.7	14.1
	批发和零售业	85.6	9.9
	交通运输、仓储和邮政业	22.6	2.6
	小计	789.0	91.6

资料来源：《2013 年度中国对外直接投资统计公报》。

综上，2013年中国对拉美、非洲直接投资主要呈现出以下几个特点：

一是投资流量逆势上扬。2013年，流向拉丁美洲的投资达143.6亿美元，实现了132.7%的高速增长；流向非洲的投资33.7亿美元，同比增长33.9%。对拉美、非洲地区的投资之和占总投资额的16.7%，较之2012年比重大幅增加，但低于2011年的20%，未来增长空间大。

二是投资存量突破1000亿美元。截至2013年底，中国在拉丁美洲的投资存量为860.9亿美元，占13%；在非洲的投资存量为261.9亿美元，占4%。

三是投资遍布拉美、非洲的大部分国家或地区，投资存量高度集中。截至2013年底，中国2.5万家境外企业分布在全球184个国家（地区），覆盖率达79%。其中非洲地区的境外企业覆盖率高达86.7%，拉丁美洲为60.4%。在拉丁美洲地区，2013年新增了对尼加拉瓜、伯利兹的投资，在非洲地区，新增了布基纳法索。其中开曼群岛和英属维尔京群岛累计存量762.2亿美元，占对拉美地区投资的88.5%。

四是投资行业分布广泛，投资相对集中。2013年末，中国对拉丁美洲的投资主要集中在租赁和商务服务业、采矿业、金融业、批发和零售业以及交通运输、仓储和邮政业，上述五个行业累计投资存量789亿美元，占中国对拉丁美洲直接投资存量总额的91.6%；中国对非洲的投资主要集中在采矿业、建筑业、金融业、制造业、科学研究和技术服务业，上述五个行业累计投资存量222.7亿美元，占中国对非洲直接投资存量总额的85%。

五是流向英属维尔京群岛、开曼群岛的投资大幅增长。尽管在2012年因英属维尔京群岛、开曼群岛加强金融监管而导致中国对其投资锐减，作为著名的国际"避税天堂"，2013年吸引了中国124.8亿美元的直接投资，较上年的30.7亿美元增长306.7%，主要流向商务服务业。

第二节 辽宁对拉美、非洲投资现状及潜在问题

当前,中国企业处在与拉美、非洲投资合作的"井喷期",但辽宁省在拉美、非洲新兴地区的投资仍有很大不足,增长空间巨大,这也是造成辽宁省对外直接投资同比大幅度下降的重要原因。在全球经济衰退时期,一方面,拉美、非洲等新兴经济体经济增长潜力大、资源丰富、投资环境日益改善,与辽宁的互补性极强;另一方面,非洲、拉丁美洲的招商引资项目众多,涉及行业广。这一系列因素均使得辽宁企业开拓拉美、非洲新兴地区市场变得切实可行。

一 境外投资全况

近些年,辽宁省农业、电力建筑、采矿、远洋渔业等行业开始"走出去",在很多领域取得了历史性突破。借助表9-8我们可以看出辽宁省对外直接投资在全国处在何种水平。

表9-8　2012—2013各年中国非金融类对外直接投资分省市区

省、直辖市、自治区	2012年实际投资额(万美元)	2013年实际投资额(万美元)
广东	322,155	502,937
山东	305,774	384,861
江苏	292,273	315,973
北京	118,642	307,534
浙江	240,190	239,887
上海	176,198	180,293
辽宁	283,915	155,410
海南	30,619	131,588
天津	62,802	96,505
河北	47,001	89,003
云南	70,981	82,121

续表

省、直辖市、自治区	2012年实际投资额（万美元）	2013年实际投资额（万美元）
湖南	140,163	69,523
安徽	54,516	68,576
河南	24,497	65,675
黑龙江	35,403	65,059
福建	53,066	63,618
四川	73,711	55,342
吉林	27,688	55,048
江西	36,590	53,772
山西	26,362	53,663
湖北	50,030	52,092
内蒙古	46,035	49,573
重庆	55,516	41,098
新疆	20,761	39,235
陕西	54,887	29,041
甘肃	133,923	15,527
贵州	586	12,977
广西	23,620	12,674
宁夏	4,834	7,010
青海	852	872

资料来源：商务部对外投资和经济合作司官方网站。

从总体上看，辽宁省境外投资在东部沿海省份处于中等以上水平，辽宁省实施"走出去"战略取得了较大成绩。但是，与广东、浙江、山东等省相比还有差距，辽宁省"走出去"的实际能力与境外市场需求仍有较大空间。从表中可以清楚地看出，2012年，辽宁省在非金融类对外直接投资中实际投资额为28.4亿美元，对外投资热情很高，前景大好，在全国各省市中名列前茅，位居第四，仅次于广东省、山东省、江苏省。2013年，辽宁省非金融类对外投资约为15.5亿美元，同比下降45.3%，被浙江省、北京市、上海市超越，位列第七名。而其他大部分省份的数据在上涨或者持平。

二 存在的问题：以山东为参照

之所以选择山东省作为比较对象，有两方面的考虑：一是辽宁省和山东省同属中国北方沿海省份，所处地理位置比较接近；二是山东省近几年对外直接投资一直保持稳健增长，在投资拉丁美洲、非洲地区均有较好的表现。从表9-9可以看出，仅在2009年和2010年，辽宁省非金融类对外直接投资流量略高于山东省，其他年份都远远低于山东省。进一步观察发现，几乎每年大连市占辽宁省一半以上的份额，占比曾一度达到84%。反观山东省，青岛市占山东省总量的比重就小得多。可见，辽宁省对外投资极为不对称，这种对外投资的严重不平衡性值得关注。

表9-9　　2005—2013年辽宁、山东非金融类对外直接投资流量

年份	非金融类对外直接投资流量（万美元）					
	辽宁省	大连市	大连占比	山东省	青岛市	青岛占比
2005年	3019	1144	38%	15904	864	5%
2006年	9701	6748	70%	12666	2237	18%
2007年	12833	6542	51%	18928	4898	26%
2008年	10600	4427	42%	47478	1547	3%
2009年	75786	46384	61%	70441	10472	15%
2010年	193566	163229	84%	189001	46197	24%
2011年	114384	74591	65%	247339	23466	9%
2012年	283915	200167	71%	305774	86157	28%
2013年	155410	116974	75%	384861	102647	27%

资料来源：《山东统计年鉴》，《辽宁统计年鉴》。

从《辽宁统计年鉴》上获知，2008年，辽宁省共核准对外直接投资企业76家，协议投资总额6.75亿美元，比上年增长118.2%，中方对外投资额6.45亿美元，增长190.8%。中方投资额超过100万美元的

项目28个，比上年增长12%。主要投资领域为矿产资源开采、境外房地产开发、机电产品制造。主要投资国别和地区为俄罗斯、朝鲜、津巴布韦（拉丁美洲）和美国。2009年，全省共核准对外直接投资企业167家，比上年增长110.5%，协议投资总额10.4亿美元，增长54.4%，中方对外投资额8.4亿美元，增长31.6%。中方投资额超过100万美元的项目有97个。主要投资领域：装备制造业、软件开发销售、信息技术咨询与服务、采矿业和海洋工程技术。主要投资国别和地区：中国香港、美国、朝鲜、津巴布韦、印度尼西亚和新加坡。2010年，全省共核准对外直接投资企业167家，比上年下降4.19%。协议投资总额为11亿美元，比上年增长5.3%，中方投资额为9.2亿美元，比上年增长9.6%。中方投资额超过100万美元的项目有92个，比上年下降5.2%，主要投资领域：石油及产品加工、机床加工销售。主要投资国别和地区：朝鲜、美国、中国香港。

2011年以来，辽宁积极实施"走出去"战略，有效地促进了对外投资，并带动产品和技术出口。其中，民营企业依靠所掌握的领先技术以及积累的资本运作能力，整合世界尖端技术和构造国际运营网络的需求愈加强烈，对外投资增长势头强劲，投资数量和规模不断提高，在对外投资中的知名度和影响力也在不断提升。以2011年上半年为例，辽宁共核准对外直接投资企业110家，同比增长49.3%，投资额8.1亿美元，同比增长132.5%，其中民企投资占七成以上，投资额超过100万美元的大项目共72个，同比增长67.4%。2011年全省共核准对外直接投资企业193家，比上年增长20%；协议投资总额17.5亿美元，比上年增长59.5%。中方投资额超过100万美元的大项目125个，增长35.9%。主要投资领域：建筑装饰工程、矿业投资、通用设备制造业和电子设备制造业。主要投资国别和地区：香港、德国和韩国。

辽宁省在2012年对外直接投资异常活跃，这主要得益于地方企业对外投资规模的扩大，如大连万达集团在2012年7月收购美国AMC影院公司。2012年，辽宁全省共核准对外直接投资企业175家，同比下降9%；协议投资额27.9亿美元，同比增长59.2%；中方投资额25.3亿美元，同比增长61.7%。中方投资额超过100万美元的大项目109个，主要投资领域为：文化产业、水产养殖、制造业和农业。主要投资国别和地区为：美国、卢森堡和中国香港。

2013年1至3月份，辽宁省共核准对外直接投资企业53家，同比增长29.3%；协议投资总额7.2亿美元，同比增长67.3%；中方投资额6.9亿美元，同比增长69.6%。中方投资额超过100万美元的大项目40个，主要投资领域为：输变电设备、有色金属采矿业、水产养殖业、木材加工和农业。主要投资国别和地区为：中国香港、美国、澳大利亚和俄罗斯。2013年全年共核准对外直接投资企业174家。截至2013年辽宁累计核准对外直接投资企业800余家，协议投资总额达百亿美元，其中中方投资额占八成左右，年均增长72.5%。农业、电力建筑、采矿、远洋渔业等行业成为辽宁省在对外投资中的热门行业。

从上面的分析可以看出，辽宁省对外投资主要呈现出以下几个特点：

一是对外投资呈加快发展趋势，海外并购快速发展。2009年境外并购类项目，中方投资额3.49亿美元，占全省对外投资总额的41.4%；2010年全省海外并购企业34家，中方投资额2.27亿美元，占总额的25%。

二是境外资源投资平稳发展。2010年在境外设立资源类企业7家，中方投资额1.08亿美元，占总额的12%；2011年全省在境外设立资源类企业18家，中方投资额2.34亿美元，占全省的14.9%。如：营口宏基矿业有限公司在津巴布韦投资1200万美元的铜矿和金矿开采项目、抚顺罕王实业集团有限公司在印尼投资9000万美元开发红土镍矿项目等。

三是民营企业境外投资步伐加快。2008年，新核准的对外直接投资企业中,民营企业境外投资已占中方投资总额的97%,民营企业已成为辽宁境外投资的主力军。

四是主要投资于发达国家和地区。近几年美国、香港等发达国家和地区仍然是辽宁对外投资的首选地,流向发展中国家的投资虽有增加的趋势,但与山东等省份相比有很大不足。

五是行业分布广泛。涉及的投资领域有矿产资源开采、制造业、农业、渔业、电力、文化产业等。

鉴于山东省在拉美、非洲地区的投资取得了一定的成绩,并且山东省与辽宁省同样作为北方的沿海省份,下面就山东省对外投资的相关情况进行简要介绍。

从以项目数计的份额可以看出,截至2012年底,山东省境外投资项目一半以上投在亚洲,之后依次投在欧洲(15%)、北美洲(14%)、非洲(11%)、拉丁美洲(5%)、大洋洲(5%)。

表9-10　　　　山东省境外投资项目数各大洲分布情况

国别	境外投资项目数（个）		累计境外投资项目各大洲占比（%）
	2012年	2012年底	2012年底
总计	361	3119	100
亚洲	180	1608	52
非洲	48	332	11
欧洲	38	462	15
拉丁美洲	20	147	5
北美	48	430	14
大洋洲	27	137	5

资料来源:《山东省统计年鉴》。

从境外投资协议投资总额指标着手,截至2012年底,山东省境外投资项目一半以上投在亚洲,之后依次投在大洋洲(13%)、非洲(11%)、北美洲(10%)、欧洲(7%)、拉丁美洲(5%)。截至到2012年末,中国在拉丁美洲投资比重达到13%,在非洲为4%。而从上述多个指标分析出，山东省在非洲地区的投资在10%以上，而对拉丁美洲地区的投资比重仅为5%。对比不难看出，山东省在非洲地区的投资比重远高于中国整体水平，但在拉丁美洲地区的投资却与中国整体相比差距很大。

表9-11　　　　　山东省境外投资协议投资总额各大洲分布情况

国别	2012年协议投资总额	2012年底累计协议投资总额（万美元）	2012年底累计境外投资项目各大洲占比（%）
总计	443312	1443441	100
亚洲	247327	801129	56
非洲	53590	159528	11
欧洲	20783	101030	7
拉丁美洲	14406	65483	5
北美	26080	146121	10
大洋洲	81127	189283	13

资料来源：《山东省统计年鉴》，下同。

从非洲的招商引资政策来看，针对辽宁企业投资非洲，很多非洲国家都出台了非常优惠的招商引资政策。比如对投资资产30万美元的投资商免税3年；对投资50万美元的投资商免税5年。辽宁企业与非洲的交流合作呈快速上升趋势，在津巴布韦、赞比亚、安哥拉等非洲国家都有投资。截至2012年底，辽宁对非洲直接投资企业累计110家，投资总额达5.23亿美元，主要投资领域为矿产能源、农业、渔业和通用设备制造业。从境外企业数量来看，辽宁投向非洲的比重在15%左右，粗略估计稍高于山东省，说明辽宁非常重视非洲市场，在非洲的对外直接投资取得了较大的成绩，未来的发展前景非常可观。

然而，投资非洲依然存在诸多潜在问题。这包括：第一，受地区局势、主要经济体通胀率上升、货币贬值以及世界经济低迷的影响，非洲地区整体经济在增长中充满了变数。第二，非洲许多国家都深陷政治危机，出现多起武装分子劫持、伤害中国员工事件，这使企业投资非洲面临着前所未有的挑战。第三，辽宁投资非洲很大原因是获取矿产资源，但是中国尚未建立统一的海外矿产资源信息系统，对于非洲矿产资源国的基本信息情况不能及时准确地了解，使企业不能有效地规避矿产勘探和开发的风险。第四，投资非洲面临非常激烈的竞争。在非洲矿产资源勘探和开采领域占据主导地位的主要是英国、法国等世界矿业大国的跨国公司，各跨国公司形成了在非洲矿产资源开发市场上的竞争优势。而辽宁企业起步晚，规模小，面临着巨大的竞争压力。

截至目前，尚未获得辽宁企业在拉丁美洲地区的投资信息。这从一定角度说明辽宁向拉美地区的投资较少、重视不够。2007 年英属维尔京群岛在来辽宁投资的国家中排名第二，这从侧面说明辽宁与拉丁美洲有着较为深远和良好的合作关系。辽宁面临重工业产能过剩、资源枯竭等突出问题，而拉美地区丰富的自然资源，尤其是在石油和新能源领域都有着举足轻重的地位。根据英国石油公司 2012 年报告显示，该地区已成为世界第二大石油储量区，约占世界探明储量的四分之一左右，且其探明储量还在不断上升，其中委内瑞拉已经超越沙特阿拉伯成为世界第一大石油探明储量国；而巴西的生物燃料产量约占世界总产量的 22.2%，是仅次于美国的第二大生物燃料生产国。这与辽宁在原材料方面的巨大需求形成互补，并且劳动力成本优势明显，是辽宁省产业转型投资和资源寻求型投资的理想地。近期辽宁省贸促会专门成立了走进拉美地区的工作组，为辽宁省和拉美地区的企业搭建交流与合作平台。

辽宁省在积极投资拉美地区时，需要密切关注的问题有：第一，拉美地区保护主义比较突出，承诺开放的指数比较高但实际执行情况较差。尤其在对外能源合作方面，拉美国家政策取向在开放程度方面存在较大差别，将会成为辽宁投资能源行业最大的不确定性因素。第二，"中国石油饥渴症"的言论势必会加大辽宁企业向拉美地区投资的难度。第三，拉美地区投资便利化程度不高，投资壁垒较多，并且中拉之间缺乏类似中非之间的合作机制。第四，英属维尔京群岛和开曼群岛作为中国企业主要的投资地,有加强金融监管的趋势,企业在投资这些地区时应时刻关注外国投资政策的变动。

第三节 研究结论与资政建议

从对外投资流量上来看,2013年辽宁省在中国首次突破千亿美元的大环境下却大幅下挫,在全国省市排名中跌至第七,表明辽宁省在对外投资方面处境堪忧。并且辽宁省区域发展的不平衡问题非常突出,全省的对外投资严重依赖于大连市的表现。这些现象值得去关注。辽宁省长期以来的粗放型经济增长方式造成了资源的过度消耗,经济发展严重依赖于资源。在国内矿产资源严重匮乏的情况下,通过境外投资解决能源枯竭问题,保持经济可持续发展是当前重要的战略手段。虽然国际经济状况很困难,但非洲、拉丁美洲等新兴地区增长潜力大,而且资源丰富,这与辽宁在能源方面的巨大需求形成互补,是辽宁省产业转型投资和资源寻求型投资的理想地。基础好、发展快、潜力大,是拉美地区的显著投资优势。另外,拉美有非常好的地缘优势。例如,墨西哥紧邻美国,企业通过在墨西哥投资设厂来进入美国市场,不仅可以避免遭受反倾销等制裁,还能大大降低运输成本。非洲已经成为继亚洲、拉丁美洲的第三个全球"增长极",并且中非之间有着良好的合作关系,中非发展基金、中非经贸合作区等投资促进措施有助于推动辽宁企业投资非洲。

中国在非洲、拉丁美洲地区的投资表现为地域和行业的集中,这意味着辽宁省企业在这些地区的投资面临激烈的竞争。从目前辽宁省的情况看,辽宁非常重视非洲市场,在非洲的对外直接投资取得了较大的成绩,主要投资领域为矿产能源、农业、渔业和通用设备制造业,未来的发展前景非常可观。但在拉丁美洲的投资还有很大不足和增长的空间。辽宁省的对外投资尚处于探索阶段,不论是投资的数量还是投资的质量与中国经济发达省份都有很大差距，但是不论是处于哪个阶段，在投资过程中对区位的认识和选择都是必须要着重考虑的。因为投资的区位选择对企业的发展和经营有着不可忽视的作用，尤其是对企业培养和发展或保持其竞争优势有着非常重要的作用。

新型冠状病毒疫情对经济的损害还未消除，世界经济增长乏力，在较长时期内持续低迷的可能性增大。国内经济增长的速度在放缓，阻碍进一步发展的结构性矛盾日渐突显，以劳动力成本、能源成本、环境成本为代表的成本上升，对经济的约束将逐渐加强。与此同时，辽宁省资源型产业面临枯竭，缺乏经济发展内生动力，产业结构不尽合理急需转变经济发展方式。作为经济外向度较高的省份，在新一轮发展中，辽宁省在稳定欧美传统市场、逐步培育国内市场的同时，应开拓新兴市场，破解发展的困局。而在全球经济衰退的时候，拉美、非洲等新兴经济体经济增长潜力大、资源丰富、投资环境日益改善，与辽宁省经济具有较强的互补性。目前正值中国企业在拉美、非洲投资的"井喷期"，但辽宁省在拉美、非洲新兴地区的投资仍有很大不足，增长空间巨大。为促进辽宁省企业向拉美、非洲新兴地区的投资，特提出几点建议：

第一，对辽宁省对外投资情况与国别投资环境进行充分地信息披露。新兴地区存在经济脆弱性、政策不确定性和地区冲突所带来的风险等不利因素。辽宁省应组织有关部门对拉美、非洲地区的主要投资区域吸引力进行评价，进一步健全"走出去"的体系，整合国内外有关机构和企业的信息资源，把握诊断各国的政策法规、行业发展、市场行情、技术前沿、知识产权、文化风俗、招商信息和可能面临的风险，并结合本省经济发展方式转变的需要选取重点地区进行实地调研，并深入到在当地投资的中国企业，了解企业在当地发展遇到的困难和需要解决的问题，为有意向拉美、非洲新兴地区投资的企业提供翔实可靠的资料，指导和帮助企业积极稳妥开展跨国投资。

第二，实施有地区差异的政策支持，缩小辽宁省区域经济的不平衡。辽宁省的对外直接投资严重依赖于大连市，区域间的不平衡问题突出必须引起关注，辽宁省应该运用在不同地区之间的政策倾斜，开拓更多的对外投资地区，促进区域协调互动发展。

第三，政策制定应围绕辽宁省长远发展目标，提高前瞻性。在政策制定上应基于发展战略的需要主动作为、超前谋划。一是推进对外投资的便利化。在这方面，可以借鉴山东省实行"备案为主、核准为辅"的管理模式。二是加大对外投资发展的投入。各级政府应在充分运用国家促进对外投资政策的基础上，进一步扩大支持向拉美、非洲地区投资的专项资金规模。三是加强税务、金融支持。对有助于带动本省经济发展的境外投资给予税收优惠，鼓励银行金融创新降低贷款难度。四是完善对企业投资行为的监管。指导规范企业的投资行为和经营行为，积极引导企业遵守国际惯例和东道国的法律。

第四，进一步发展与拉美、非洲新兴地区的友好关系，积极寻求政策支持，为辽宁企业在拉美和非洲市场落地生根做好配套服务工作。加强与拉美、非洲新兴地区的经济文化交流，提高辽宁省企业的国际影响；从战略、全局的高度出发，回应拉美、非洲国家诉求，积极参与当地的基础设施和工业建设，倡导企业在投资国关注社会问题，保护当地环境，投身公益事业，创造友好和谐的合作关系；加快法律体系框架建设，不断完善对外投资的法律法规制度，对规范和促进对外投资提供法律保障。

第五，充分利用大连自贸区优势。通过走访了解到融资难是阻碍企业尤其是中小企业去境外投资的最主要的原因之一。一旦解决企业的融资难问题，那么对外直接投资就会变得相对容易。而自贸区的成立将释放巨大制度红利，可以为辽宁企业向拉美、非洲等新兴地区投资搭建良好的融资平台，有利于培育辽宁省面向全球的竞争新优势，构建与各国合作发展的新平台，拓展经济增长的新空间。

第六，鼓励企业进行长期投资，实施本地化战略。首先是保持品牌的本土化，引导企业在拉美、非洲地区落地生根；其次，辐射带动辽宁省其他相关行业的发展；最后，坚持本土化的员工战略，即在进行对外投资时，考虑到投资国与辽宁省存在文化等方面的差异，指导企业开发利用当地文化资源，同时加大对当地人才的选拔和培养力度，进而降低经营风险，提高对国际要素资源的掌控能力。

第七，提高对中小企业和民营企业的重视程度，鼓励中小企业和民营企业对外投资。与发达省份相比，辽宁省中小企业整体发展水平相对滞后，民营企业对外投资不多。辽宁省应在用好用足国家鼓励中小企业和民营企业政策的同时，加大对于向拉美、非洲地区投资的中小企业和民营企业的政策支持力度，这包括降低申请信贷难度，给予税收优惠，扩大政府采购规模，为民营企业和中小企业量身定做保险产品，如补贴保费的拉美、非洲市场保险等。

第十章 结论与展望

第一节 结论与启示

一 研究结论

本书以中国经济的现实问题为出发点,以对外开放与企业创新两方面的研究文献为基础,建立统一的研究框架,采用理论与实证相结合的研究方法,从政策竞争的视角,讨论了对外开放与企业创新问题。总括起来,本书研究的基本结论主要体现在以下几个方面:

(1) 围绕引进外资展开的政策竞争会改变竞争双方对于外资的吸引力,最终影响外资的流向。不存在引资竞争时,跨国公司权衡竞争优势效应与贸易成本节约效应的大小选择投资目的地。竞争优势效应越显著、贸易成本节约效应越弱,跨国公司到发达国家并购企业的可能性越大;反之,竞争优势效应越弱、贸易成本节约效应越强,跨国公司在落后国家投资设厂的可能性越高。并且,政策竞争增加了落后国家的吸引力。

(2) 从激励本国企业技术创新的角度,积极地引进外资或者允许平行进口都不失是一个较好的举措。对一个国家而言,跨国公司在其他国家投资设厂然后通过出口将产品销往本国，此时本国企业的市场份额被跨国公司挤占，单位收益也因竞争加剧而降低，这严重削弱本国企业的研发动机。相反，假如跨国公司并购了本国的高效率企业，那么市场上只有两个企业相互竞争，此时本国的低效率企业的研发收益会相应增加，其研发动机也就随之增强。平行进口固然会加剧市场的竞争，但工会在确定工资水平时受到是否存在平行进口的影响，由平行进口带来的销售增加会迫使工会压低工人的工资，当工资下降所带来的成本节约效应占主导时，平行进口反而会激励企业创新。

（3）各国对于国际直接投资的政策竞争有助于全球总福利的改进。随着引资竞争的日益加剧，人们担心一个国家从引进外资中获取的收益会被为外资企业提供的优惠条件消耗殆尽。但是我们的研究表明，只要一个国家愿意吸引外资，那么它一定会从获得这些外资中受益，并且各国之间相互博弈的结果使得相关经济体的总福利得到提升。

（4）在某些情况下，东道国的最优引资政策应该是征税而不是补贴。现实经济中很多发展中国家为了吸引来自发达国家的投资，通常会提供诸多优惠条件，然而本书证实，如果东道国接受跨国公司的投资会因外资的利润转移效应遭受巨大的利益损失，那么非但不应该给予外资一定的政策倾斜，甚至应该对跨国公司进行投资征税以确保本国的利益不受到外资的侵害。

（5）企业被外资并购往往会恶化本国福利，政策规制可以帮助东道国扭转这一不利局面。无论跨国公司是否具有技术优势，无论哪个企业被并购，跨国公司的"国外"属性都将产生利润转移效应，并购的利润转移效应和竞争削弱效应势必会损害东道国的利益，只是程度上的差异而已。然而，东道国可以通过投资征税政策迫使跨国公司放弃并购本国"龙头"企业，这不仅避免了本国优质品牌的流失，以及因拒绝外资并购而引发的外交反应，而且可以确保东道国从外资并购本国"一般"企业中获益。需要特别指出的是，对东道国而言，即使在不进行政策干预的情况下,接受外资并购本国生产效率较高的跟随企业有时未尝不是一个明智的选择。

(6)江苏省对于其他省份存在显著的投资转移。这意味着,如果其他省份不改善自身的投资环境增加竞争力,那么外商直接投资将被吸引到江苏省。政策优惠对吸引外资起到一定的促进作用,但是与其他因素相比,其作用很小。廉价的劳动力成本是促使外商来华投资的最主要原因,此外市场化程度、对外开放程度、市场规模以及基础设施等也是影响中国吸引外资流入量的重要因素,人力资本水平与市场潜力的作用并不明显。

二 研究启示

"经济理论的目的是分析、解释、预测和评价。"(贝恩,1959)经济学向人们提供了一种分析问题的思想工具和获得有价值发现的思维技术,在更好地认识世界的同时,也在指导人们的实践和政策的制定。本书从政策竞争视角,围绕对外开放政策与企业创新展开研究,从企业和投资目标国的优化动机出发探讨企业最优投资策略、目标国政策以及企业创新的决定机制,对中国对外开放的政策安排以及企业的决策制定具有一定的启示。

(一)对中国对外开放政策安排的启示

(1)切实履行"内外资竞争中性"原则,从政策性开放转向制度性开放。中国对外开放的一个基本经验是实行渐进式开放。40年来,针对不同时期、不同地区和不同行业,用不同的政策引导开放过程。2020年5月22日,国务院总理李克强在发布的2020年国务院政府工作报告中提出,面对外部环境变化,要坚定不移扩大对外开放,稳定产业链供应链,以开放促改革促发展。

"竞争中性"原则要求所有企业享受同等待遇。外资企业的权益要受到保护,其享受的优惠待遇也需破除,如此才能保证公平竞争环境。

于 2020 年 1 月开始实施的《中华人民共和国外商投资法》，为新时期中国利用外资提供基本法律依据。在《公司法》和《外商投资法》规制下，内外资企业享受同样的税率和政策，外资促进政策将转向投资便利化、放宽准入限制等方面，实施从政策性开放转向制度性开放的新时期开放战略。中国各地区需转变"依靠优惠政策吸引外资"的传统思维，不应再给予外资一般意义上的超国民待遇，否则"政策套利型"外资将扰乱国内竞争秩序，抑制区域产业结构升级，进一步加剧中国地区间的不平衡。地方政府应当加强基础设施、营商环境和人才引进制度建设等，扩大外资的创新效应，避免只注重外资数量而忽略外资质量。近年来，全球经济与贸易环境发生了变化，不确定性增多，中国做出了很多努力，让中国市场更加稳定、透明、可预期公平，也为整个世界注入了繁荣和稳定的力量。

（2）运用《中华人民共和国反垄断法》遏制外资恶意并购、操纵中国市场行为。很多国家尤其是技术落后国家，希望通过引进具有领先技术的外资来降低市场价格、改善本国的消费者福利。但是本书研究发现，当本国企业之间的技术差距较大时，如果政府不进行干预，可能会出现外资借助并购排挤竞争对手、获得行业垄断权的情况。2020 年 1 月 1 日实施的《中华人民共和国外商投资法》第三十三条规定"外国投资者并购中国境内企业或者以其他方式参与经营者集中的，应当依照《中华人民共和国反垄断法》的规定接受经营者集中审查。"《中华人民共和国反垄断法》第二十八条规定"经营者集中具有或者可能具有排除、限制竞争效果的，国务院反垄断执法机构应当作出禁止经营者集中的决定。"

在无法运用投资政策遏制外资恶意收购的情况下，政府的法律规制行为就显得特别重要了，可以借助反垄断调查阻止这类并购的发生，从而诱使外资并购本国效率低的企业以加剧市场竞争而惠及消费者。通过法律手段来推动已经被证明为有效的制度建设，纠正和限制外资垄断倾向，促进有效竞争，在中国现阶段是一种行之有效的制度变迁方式。由此可以从根本上将外资引入良性运行轨道，避免外资进入产生的市场圈定问题。由是观之，《中华人民共和国反垄断法》意义重大，而其中包含的第三十一条条款"对外资并购境内企业或者以其他方式参与经营者集中，涉及国家安全的，除依照本法规定进行经营者集中审查外，还应当按照国家有关规定进行国家安全审查。"意义尤其深远，这是中国新时期互利共赢开放战略的法律保障。

（3）适度有序地取消对平行进口贸易的限制，降低过高关税给消费者带来的损失。贸易自由化的日益发展对知识产权的保护不断提出了新的难题，平行进口是国际贸易和知识产权保护领域中的一个极具争议性的话题，虽经一百多年的理论争论和各国法律实践，仍未形成一致的判断。因为平行进口问题是一个直接关系到国家利益选择取向的复杂问题，所以在实施的国际公约中未对平行进口形成统一规定，允许各国和地区自行决定。平行进口的合法性判断，本质上不是贸易公平问题，而是贸易政策的选择问题。新时期，中国要构建新型开放新格局，通过更深入的制度合作，有效降低贸易成本，进一步提升国家间的贸易便利化水平，通过持续的开放激发企业的创新活力，推动中国由贸易大国向贸易强国的转变。

各国禁止平行进口的主要原因是担忧平行进口对于知识产权所有企业构成权利的侵犯。本书的研究对于认识有关平行进口是否阻碍了知识产权所有企业创新问题，以及中国在转型阶段的贸易政策调整有着深刻的启示。本书通过关于平行进口对企业创新影响的研究可以看出，有利于企业创新的平行进口活动都隐含地建立在平行进口带来的销售增加会压低工资水平的基础之上。工资水平的下降是平行进口增加知识产权所属企业盈利的前提。企业与工会对集体工资谈判协议的达成一定程度上依赖于双方对于预期收益的评估。过高的工资会抑制企业对于工人的需求，此时工会必然会降低工资水平来促使企业雇佣更多的工人。因此，本书的分析可以从平行进口有助于知识产权所有企业实现规模经济的视角对是否允许平行进口问题给予解答,基本观点是:政府应该在平行进口未大幅度压低工资水平时,加强对知识产权所有企业的权力保护,禁止平行进口;而在平行进口行为大大降低工人工资进而实现规模经济时,允许或者鼓励平行进口活动。由此可见,无论是基于打破市场垄断的客观需要,还是基于保护创新的内在要求,逐步放开平行进口都是一种符合经济理性的必然选择。

(4) 完善境外投资立法,降低本国企业对外投资的风险。国际环境中有许多不确定因素,境外投资是一项高风险的活动,投资者所要面临的风险不仅包括经济风险,还包括政治、法律风险。对外投资风险不可忽视。中国对外投资已有多年经验,要认真总结并制定相应对策,让市场更多在全球资源配置中发挥决定性作用,政府更多在投资保护方面发挥积极作用。本书以辽宁为例,依靠外资实现东北老工业基地振兴,就要求中国政府完善境外投资立法,加快与广大发展中国家缔结双边投资保证协定,依靠国内立法与国际双边和多边协定的紧密配合来为中国企业境外投资提供担保。

目前,中国还没有建立完善的鼓励和保护本国企业境外投资的法律法规,这十分不利于中国企业在海外的投资,投资企业容易受到国外机构的利益侵害而缺乏法律保障。除此之外,国内政府部门对保护境外投资的职能也比较分散,并且存在审批流程太过复杂、耗时过长,外汇管理较为严格等现实问题。为了更好地发挥政府职能,需要进一步建立健全境外投资立法;在审批、外汇、税收等方面鼓励和支持中国企业走出去,合法合理保障中国企业海外投资利益。

企业在境外投资的过程中会遇到复杂多样的问题,在不同的投资目的国可能遭遇的风险类型和程度也会有很大差异。企业要想对境外投资进行风险识别与评估,必然需要大量资料和研究来做判断,繁琐而高代价的前期投资评估会极大地打击企业的对外投资积极性。这就要求政府进一步健全"走出去"的体系,建立有效的风险评估和咨询机构,整合国内外有关机构和企业的信息资源，把握诊断各国的政治风险、市场潜在的知识产权纠纷和其他可能面临的风险，对企业境外投资给予帮助和扶持，及时实施有效的引导，以此降低企业对外投资的风险。

(二) 对企业决策制定的启示

（1）根据潜在投资目的国的市场环境和引资政策，合理选择投资策略。获取资源和技术支持是中国企业走出去的重要目的，实现的方式是直接到国外建厂或收购当地企业。针对不同方式的外商投资，各国政府的态度也有很大不同，尤其对于外资并购本国企业更为谨慎，这源于跨国并购不仅会转移东道国企业的利润，而且可能会造成外资对行业的垄断。本书所分析的对外直接投资策略问题依赖于各国的引资政策，如果各国实施相同的引资政策，那么企业只需权衡竞争优势效应与贸易成本节约效应的大小来决定投资方式，不对称的引资政策会诱导企业选择更具政策吸引力的国家进行投资，进而改变企业的投资方式。

（2）根据跨国公司的投资策略和自身研发效率决定创新投入。企业自身研发效率的高低是影响企业创新行为的重要因素，这点毋庸置疑。本书研究发现，在研发效率较高的条件下，企业应在跨国公司到第三方国家新建投资时增加研发投入以应对竞争者数量增加对市场的挤占。相反，如果自身研发效率很低，那么企业应在跨国公司并购本国高效率企业时加大研发投入以应对外资对本国市场的蚕食。

（3）提高自身与工会组织谈判的能力，利用平行进口来带动创新。平行进口让消费者有了更多的可选性，让消费者花更少的钱享受更优质的产品和服务，打破了"价格垄断"、"市场垄断"，是一种真正的自由贸易。但是，问题也就由此产生了：这种以提倡贸易自由化为导向的平行进口活动会不会以知识产权所属企业的利益损失为代价？实际上，这也正是平行进口业务开始后人们产生疑虑最多、争论最激烈的问题。有学者认为，虽然平行进口压低了市场价格使本国消费者获益，但可能要以抑制本国企业创新为代价。如果从简单的平行进口挤占知识产权所属企业的市场出发，那么必然会对上述问题给予肯定的回答，这也正是某些企业反对平行进口的重要原因。

然而，如果我们跳出简单的市场竞争越激烈，企业盈利空间就越小的逻辑，就会看到另一番景象。平行进口固然会加剧市场的竞争，但工会在确定工资水平时受到是否存在平行进口的影响，由平行进口带来的销售增加会迫使工会压低工人的工资，进而有效减少了企业的劳动力成本。劳动力成本是影响企业创新的重要因素，劳动力成本的下降能够有效促进企业创新，增强企业创新动力。由此可以说，企业不应一刀切地拒绝平行进口，或者当国家推行平行进口业务时，企业应该提高自身的谈判能力，压低劳动力成本，加大创新投入以获取平行进口产生的规模经济红利，而不是被动地接受平行进口对其市场的冲击。

(4) 企业要重视风险防范，做出理性正确的投资选择。近年来爆发的海外投资风险事件有很多，很多投资项目血本无归。企业要想规避风险，提高对外投资的收益，除了依靠政府提供的投资安全保障，企业必须完善自身的风险控制措施。本书所分析的中国企业在进行对外投资中面临经济脆弱性、政策不确定性和地区冲突所带来的风险。尤其是国际环境的改变要求中国企业在对外投资时应更为谨慎。

首先，企业要结合自身的发展阶段，重视对外投资项目的可行性研究，权衡不同投资方式的利弊，通过科学决策规避可预测的投资风险，防止盲目投资。这就要求企业深入研究当地的政治、经济、文化、历史、市场，建立和完善风险评估机制，规避可预见的投资风险。其次，企业要健全风险管理制度，加强投资风险管理。尽管企业的投资是建立在细致全面的风险评估之上，但在投资中依然存在不可控的风险，比如政治环境的改变。这就要求企业完善公司制度，加强内部人员控制，建立不同层次的风险预案，根据风险发生的原因和阶段进行动态调整，及时采取有效的应对措施，降低突发事件给企业造成的损失。同时要依法经营，讲求诚信，树立信誉，融入当地，互惠互利。

第二节 研究展望

受本人学术水平与资料数据所限，本书仅对国际直接投资、平行进口贸易与企业创新问题进行了一定程度的探索。本书关于企业创新和对外开放问题的研究只是冰山一角，希望能为企业相关决策的制定、政府相关部门在政策上的有效引导提供一定的参考和依据，并通过完善产业组织理论及其在国际经济学领域的应用，能够扩展相关课题的研究空间，为后续的研究奠定坚实的基础。

实际上，关于对外开放与企业创新问题远非本书所涉及的内容和范围，还存在一些需要进一步研究、改进和补充的问题。针对本书存在的不足之处和改进空间，在今后的研究中，将从以下方向进行可能的探索和深入：

第一，为了聚焦政策竞争的分析，本书仅对参与国际直接投资竞争的国家具有相同市场规模的情况展开了研究，排除了市场规模不同对于企业决策的影响。大量的实证研究表明，市场规模是影响跨国公司投资决策的重要因素。在未来的理论研究中，可以引入市场规模的不对称性。

第二，受数据可获得性的限制，本书只是实证检验了中国省际之间的投资转移效应。然而，国家间的投资转移效应可能更为显著，其研究价值可能更大。如果能够获取更丰富的数据样本，优化指标的设定与选取，对来自不同国家的外商直接投资进行更深入的经验分析，应该能够为中国深化对外开放提供更多的启示。

第三，在理论分析中，为了得到直观地判断结果，忽略了企业之间的信息不对称问题。现实中往往只有企业自己知道其生产成本和盈利情况，跨国公司在选择企业兼并时考虑的因素就更为复杂，决策就更为慎重，这将会严重影响本书的结论。因此，有待将模型进一步扩展到不完全信息的情况，这些可能的拓展构成了未来研究的主题。

参考文献

艾青、向正军:《企业并购的动因与理论分析》,《中南财经政法大学学报》2004年第2期。

陈国宏、郭弢:《我国FDI、知识产权保护与自主创新能力关系实证研究》,《中国工业经济》2008年第4期。

陈小文:《东道国引资竞争的经济学分析和我国的政策选择》,《经济问题探索》2004年第10期。

陈羽、邝国良:《FDI、技术差距与本土企业的研发投入——理论及中国的经验研究》,《国际贸易问题》2009年第7期。

程惠芳、张孔宇:《中国企业跨国并购的战略目标与经营绩效:基于A股市场的评价》,《世界经济》2006年第12期。

程培堽、周应恒、殷志扬:《FDI对国内投资的挤出(入)效应:产业组织视角》,《经济学季刊》2009年第4期。

楚明钦、陈启斐:《中间品进口、技术进步与出口升级》,《国际贸易问题》2013年第6期。

董有德、孟醒:《OFDI、逆向技术溢出与国内企业创新能力——基于我国分价值链数据的检验》,《国际贸易问题》2014年第9期。

董有德、赵星星:《自由贸易协定能够促进中国企业的对外投资吗？——基于跨国公司知识—资本模型的经验研究》，《国际经贸探索》2014年第3期。

付红艳：《东道国引资竞争与跨国公司FDI——基于序贯博弈分析》，《产业组织评论》2014年第3期。

付红艳：《内生交易价格、跨国并购与东道国福利分析》，《新华文摘》2015年第23期。

付红艳、刘强：《FDI政策竞争、跨国公司投资决策与企业创新》，《产业组织评论》2013年第2期。

耿晔强、郑超群：《中间品贸易自由化、进口多样性与企业创新》，《产业经济研究》2018年第2期。

顾露露：《中国企业海外并购失败了吗?》，《经济研究》2011年第7期。

何欢浪、蔡琦晟、黄语嫣：《外资自由化、上下游产业关联和中国制造业企业创新行为》，《世界经济研究》2020年第5期。

黄先海、卿陶：《出口贸易成本与企业创新：理论机理与实证检验》，《世界经济研究》2020年第5期。

黄肖琦、柴敏：《新经济地理学视角下的FDI区位选择——基于中国省际面板数据的实证分析》，《管理世界》2006年第10期。

胡博、李凌：《中国对外直接投资的区位选择——基于投资动机的视角》，《国际贸易问题》2008年第12期。

胡国杰、王宇钢、王雪艳：《辽宁企业实施"走出去"战略中存在的问题研究》，《辽宁工业大学学报》2009年第10期。

霍文慧、徐永胜：《政府管制下企业跨国并购行为研究——斯塔伯格市场结构分析》，《中央财经大学学报》2010年第3期。

蒋殿春：《跨国公司对中国企业研发能力的影响：一个模型分析》，《南开经济研究》2004年第4期。

蒋冠宏、蒋殿春：《中国对外投资的区位选择：基于投资引力模型的面板数据检验》，《世界经济》2012年第9期。

康志勇:《出口贸易与自主创新——基于我国制造业企业的实证研究》,《国际贸易问题》2011年第2期。

李长英:《平行进口理论的演化与发展》,《世界经济研究》2005年第5期。

李长英:《新旧产品的平行进口对生产厂商产品开发行为的不同影响》,《经济科学》2004年第4期。

李长英、付红艳:《低效率跨国公司的投资策略》,《华中师范大学学报》(人文社会科学版)2010年第2期。

李长英、付红艳:《跨国公司、产业链与企业的购买势力》,《南开学报》(哲学社会科学版)2008年第4期。

李东阳、周学仁:《企业业绩与对外直接投资关系研究——基于辽宁省的数据检验》,《东北财经大学学报》2010年第4期。

李国平:《对外直接投资的区位选择与基本分析框架》,《北京大学学报》(哲学社会科学版)2000年第1期。

李涵、黎志刚:《交通基础设施投资对企业库存的影响——基于我国制造业企业面板数据的实证研究》,《管理世界》2009年第8期。

李杰、李捷瑜、黄先海:《海外市场需求与跨国垂直并购——基于低端下游企业的视角》,《经济研究》2011年第5期。

李娟、唐珮菡、万璐等:《对外直接投资、逆向技术溢出与创新能力——基于省级面板数据的实证分析》,《世界经济研究》2017年第4期。

李平、姜丽:《贸易自由化、中间品进口与中国技术创新——1998—2012年省级面板数据的实证研究》,《国际贸易问题》2015年第7期。

李平、史亚茹:《进口贸易、生产率与企业创新》,《国际贸易问题》2020年第3期。

李善民、李昶:《跨国并购还是绿地投资?——FDI进入模式选择的影响因素研究》,《经济研究》2013 年第 12 期。

李小平、朱钟棣:《国际贸易、R&D 溢出和生产率增长》,《经济研究》2006 年第 2 期。

林龙辉、向洪金、冯宗宪:《出口导向贸易政策与发展中国家间 FDI 竞争——基于寡占竞争模型的理论分析》,《财经研究》2010 年第 5 期。

刘建丽:《新中国利用外资 70 年:历程、效应与主要经验》,《管理世界》2019 年第 11 期。

刘啟仁、黄建忠:《贸易自由化、企业动态与行业生产率变化——基于我国加入 WTO 的自然实验》,《国际贸易问题》2016 年第 1 期。

刘晓宁、刘磊:《贸易自由化对出口产品质量的影响效应——基于中国微观制造业企业的实证研究》,《国际贸易问题》2015 年第 8 期。

罗军、陈建国:《研发投入门槛,外商直接投资与中国创新能力——基于门槛效应的检验》,《国际贸易问题》2014 年第 8 期。

罗伟、刘晨、葛顺奇:《外商直接投资的工资溢出和关联效应研究》,《世界经济》2018 年第 5 期。

马捷、岳阳、段颀:《市场规模、利润侵蚀和争取多产品跨国企业的政策竞争》,《经济研究》2012 年第 2 期。

马天毅、马野青、张二震:《外商直接投资与我国技术创新能力》,《世界经济研究》2006 年第 7 期。

毛其淋:《外资进入自由化如何影响了中国本土企业创新?》,《金融研究》2019 年第 1 期。

毛其淋、许家云:《中国企业对外直接投资是否促进了企业创新?》,《世界经济》2014 年第 8 期。

潘镇:《外商直接投资是否促进了中国的科技进步——来自各地区的经验证据》,《中国软科学》2005 年第 10 期。

权衡:《对外开放四十年实践创新与新时代开放型经济新发展》,《世界经济研究》2018 年第 9 期。

邵新建、巫和懋、肖立晟等：《中国企业跨国并购的战略目标与经营绩效：基于 A 股市场的评价》，《世界经济》2012 年第 5 期。

苏慧清、李凯、李倩：《平行进口的经济效应研究——基于授权发展中国家生产的分析》，《国际贸易问题》2016 年第 9 期。

苏敬勤、刘静：《中国企业并购潮动机研究——基于西方理论与中国企业的对比》，《南开管理评论》2013 年第 2 期。

孙俊：《中国 FDI 地点选择的因素分析》，《经济学季刊》2002 年第 3 期。

陶爱萍、吴文韬、蒯鹏：《进出口贸易抑制了企业创新吗？——基于收入差距的调节作用》，《国际贸易问题》2020 年第 3 期。

万莹：《我国区域税收优惠政策绩效的实证分析》，《中央财经大学学报》2006 年第 8 期。

王凤彬、杨阳：《中国企业 FDI 路径选择与"差异化的同时并进"模式》，《中国工业经济》2010 年第 2 期。

王海：《中国企业海外并购经济后果研究——基于联想并购 IBM PC 业务的案例分析》，《管理世界》2007 年第 2 期。

王红领、李稻葵、冯俊新：《FDI 与自主研发：基于行业数据的经验研究》，《经济研究》2006 年第 2 期。

汪建新：《贸易自由化、质量差距与地区出口产品质量升级》，《国际贸易问题》2014 年第 10 期。

王林生：《跨国并购与中国外资政策》，《世界经济》2000 年第 7 期。

王勋、杨全发：《跨国公司进入策略及东道国福利分析》，《南开经济研究》2005 年第 3 期。

王永进、盛丹、施炳展等：《基础设施如何提升了出口技术复杂度？》，《经济研究》2010 年第 7 期。

王永钦、杜巨澜、王凯：《中国对外直接投资区位选择的决定因素：制度、税负和资源禀赋》，《经济研究》2014 年第 12 期。

文余源：《外商直接投资区位理论与实证的研究进展》，《经济评论》

2008 年第 3 期。

巫强、刘志彪：《进口国质量管制条件下的出口国企业创新与产业升级》，《管理世界》2007 年第 2 期。

吴先明、苏志文：《将跨国并购作为技术追赶的杠杆：动态能力视角》，《管理世界》2014 年第 4 期。

吴永求：《FDI 对国内企业研发行为的影响——理论模型与中国的经验》，《世界经济研究》2010 年第 1 期。

冼国明、严兵：《FDI 对中国创新能力的溢出效应》，《世界经济》2005 年第 10 期。

肖慧敏、刘辉煌：《企业特征与对外直接投资的自我行为选择》，《国际经贸探索》2013 年第 9 期。

谢建国：《市场竞争、东道国引资政策与跨国公司的技术转移》，《经济研究》2007 年第 6 期。

谢申祥、王孝松：《不对称市场、技术获取与 FDI 的区位选择》，《世界经济研究》2011 年第 11 期。

邢斐、张建华：《外商技术转移对我国自主研发的影响》，《经济研究》2009 年第 6 期。

熊彼特著、贾拥民译：《经济发展理论》，中国人民大学出版社 2019 年版。

杨全发、韩樱：《知识产权保护与跨国公司对外直接投资策略》，《经济研究》2004 年第 4 期。

杨全发、应千伟：《不完全信息条件下东道国的 FDI 竞争》，《数量经济技术经济研究》2005 年第 8 期。

杨晓明、田澎、高园：《FDI 区位选择因素研究——对我国三大经济圈及中西部地区的实证研究》，《财经研究》2005 年第 11 期。

杨亚萍：《FDI 技术行业内溢出还是行业间溢出——基于广东工业面板数据的经验分析》，《中国工业经济》2007 年第 11 期。

姚战琪：《跨国公司进入方式规制的理论与政策研究》，《财经研究》2006 年第 9 期。

殷德生：《中国入世以来出口产品质量升级的决定因素与变动趋势》，《财贸经济》2011 年第 11 期。

应千伟、杨全发：《吸引 FDI 对东道国福利的影响》，《世界经济文汇》2004 年第 5 期。

余玹：《东道国政策设置与跨国公司进入模式选择的经济学分析》，《中国软科学》2006 年第 10 期。

余淼杰：《加工贸易、企业生产率和关税减免——来自中国产品面的证据》，《经济学季刊》2011 年第 4 期。

余淼杰：《中国的贸易自由化与制造业企业生产率》，《经济研究》2010 年第 12 期。

余淼杰、袁东：《贸易自由化、加工贸易与成本加成——来自我国制造业企业的证据》，《管理世界》2016 年第 9 期。

喻世友、史卫、林敏：《外商直接投资对内资企业技术效率的溢出渠道研究》，《世界经济》2005 年第 6 期。

余翔、武兰芬：《瑞典药品平行进口的实证分析及其对我国的启示》，《科研管理》2007 年第 1 期。

曾国安、马宇佳：《论 FDI 对中国本土企业创新影响的异质性》，《国际贸易问题》2020 年第 3 期。

詹晓宁：《吸引 FDI 的竞争：是否零和博弈——一个初步的研究》，《南开经济研究》2002 年第 1 期。

张建红、卫新江、海柯·艾伯斯：《决定中国企业海外并购成败的因素分析》，《管理世界》2010 年第 3 期。

张建红、周朝鸿：《中国企业走出去的制度障碍研究——以海外收购为例》，《经济研究》2010 年第 6 期。

张杰：《进口行为、企业研发与加工贸易困境》，《世界经济研究》2015

年第 9 期。

张杰、郑文平：《全球价值链下中国本土企业的创新效应》，《经济研究》2017 年第 3 期。

张廷海：《跨国公司 FDI 的区位选择与空间集聚——基于东道国产业集群竞争的博弈分析》，《财贸研究》2009 年第 4 期。

张宇、黄静：《引资竞争下的外资流入与政府收益》，《经济学家》2010 年第 3 期。

周华、曲洋、赵轩：《TRIPS-plus 条款下平行进口与价格补贴政策协调的模拟仿真分析》，《管理评论》2016 年第 11 期。

朱富强：《经济学说史》，清华大学出版社 2013 年版。

祝树金、付晓燕：《政策优惠、经济环境影响 FDI 的动态效应与区域差异》，《数量经济技术经济研究》2008 年第 1 期。

诸竹君、黄先海、王毅：《外资进入与中国式创新双低困境破解》，《经济研究》2020 年第 5 期。

诸竹君、黄先海、余骁：《进口中间品质量、自主创新与企业出口国内增加值率》，《中国工业经济》2018 年第 8 期。

宗芳宇、路江涌、武常岐：《双边投资协定、制度环境和企业对外直接投资区位选择》，《经济研究》2012 年第 5 期。

宗慧隽、范爱军：《贸易自由化、行业质量差异化程度与企业加成率》，《国际经贸探索》2018 年第 7 期。

Aaditya Mattoo, Marcelo Olarreaga and Kamal Saggi, "Mode of Foreign Entry, Technology Transfer, and FDI Policy", *Journal of Development Economics*, Vol. 75, No.1, 2004.

Albert Guangzhou Hu and Zhengning Liu, "Trade Liberalization and Firm Productivity: Evidence from Chinese Manufacturing Industries", *Review of International Economics*, Vol. 22, No.3, 2014.

Alex Easson, "Tax Incentives for Foreign Direct Investment Part II: Design

Considerations", *Bulletin for International Fiscal Documentation*, Vol. 55, No.8, 2001.

Alla Lileeva and Daniel Trefler, "Does Improved Market Access Raise Plant-level Productivity", *Quarterly Journal of Economics*, Vol. 122, No. 3, 2009.

Amy J. Glass and Kamal Saggi, "FDI Policies under Shared Factor Markets", *Journal of International Economics*, Vol. 49, No.2, 1999.

Ana B. Reis, "On the Welfare Effects of Foreign Investment", *Journal of International Economics*, Vol. 54, No.2, 2001.

Andrea Fosfuri and Massimo Motta, "Multinationals without Advantages", *The Scandinavian Journal of Economics*, Vol. 101, No.4, 1999.

Andreas Haufler and Ian Wooton, "Country Size and Tax Competition for Foreign Direct Investment", *Journal of Public Economics*, Vol. 71, No. 1, 1999.

Andreas Haufler and Ian Wooton, "The Effects of Regional Tax and Subsidy Coordination on Foreign Direct Investment", *European Economic Review*, Vol. 50, No.2, 2006.

Anne – Wil Harzing, "Acquisitions versus Greenfield Investments: International Strategy and Management of Entry Modes", *Strategic Management Journal*, Vol. 23, No.3, 2002.

Anthony Creane and Kaz Miyagiwa, "Forgoing Invention to Deter Entry", *International Journal of Industrial Organization*, Vol. 27, No.5, 2009.

Anthony Howell, Jia Lin and Stephan Worackc, "Going out to Innovate More at Home: Impacts of Outward Direct Investments on Chinese Firms' Domestic Innovation Performance", *China Economic Review*, Vol. 60, 2020.

Arijit Mukherjee and Kullapat Suetrong, "Privatization, Strategic Foreign Direct Investment and Host–country Welfare", *European Economic Review*,

Vol. 53, No.7, 2009.

Arijit Mukherjee and Laixun Zhao, "Profitable Parallel Trade in Unionized Markets", *Journal of Economics*, No.3, 2012.

Arnaud Costinot, "On the Origins of Comparative Advantage", *Journal of International Economics*, Vol. 77, No.2, 2009.

Asher Tishler and Irena Milstein, "R&D Wars and the Effects of Innovation on the Success and Survivability of Firms in Oligopoly Markets", *International Journal of Industrial Organization*, Vol. 27, No.4, 2009.

Barbara G. Katz and Joel Owen, "Should Governments Compete for Foreign Direct Investment?", *Journal of Economic Behavior & Organization*, Vol. 59, No.2, 2006.

Beata S. Javorcik, "Does Foreign Direct Investment Increase the Productivity of Domestic Firms? Is Search of Spillovers Through Backward Linkages", *American Economic Review*, Vol. 94, No.3, 2004.

Bénassy-Quéré AgnÈs, Fontagné Lionel and LahrÈche-Révil Amina, "Exchange Rate Strategies in the Competition for Attracting Foreign Direct Investment", *Journal of the Japanese and Inter-national Economics*, Vol. 15, No.2, 2001.

Bicen Pelin and Naveen Gudigantala, "Parallel Imports Debate: Resource Advantage Theory Perspective", *Journal of Marketing Development & Competitiveness*, Vol. 8, No.3, 2014.

Bilgehan Karabay, "Foreign Direct Investment and Host Country Policies: A Rationale for Using Ownership Restrictions", *Journal of Development Economics*, Vol. 93, No.2, 2010.

Brian J. Aitken and Ann E. Harrison, "Do Domestic Firms Benefit from Direct Foreign Investment? Evidence from Venezuela", *American Economic Review*, Vol. 89, No.3, 1999.

Bruce A. Blonigen, "Firm-Specific Assets and the Link Between Exchange Rates and Foreign Direct Investment", *American Economic Review*, Vol. 87, No.3, 1997.

Bruce A. Blonigen, "Tariff-Jumping Antidumping Duties", *Journal of International Economics*, Vol. 57, No.1, 2002.

Bruce A. Blonigen, "A Review of the Empirical Literature on FDI Determinants", *Atlantic Economic Journal*, Vol. 33, No.4, 2005.

C. Dembour, "Competition for Business Location: A Survey", *Journal of Industry, Competition and Trade*, Vol. 8, No.2, 2008.

Changying Li, "Competition, Parallel Imports and Cost-Reducing Innovation", *Scottish Journal of Political Economics*, No.53, 2006.

Changying Li and Keith E. Maskus, "The Impact of Parallel Imports on Investments in Cost-reducing Research and Development", *Journal of International Economics*, No.68, 2006.

Charis Solomon, Aminul Islam and Rosni Bakar, "Attracting Foreign Direct Investment: The Case of Malaysia", *International Business Management*, Vol. 9, No.4, 2015.

Charles Oman, eds., *Policy Competition for FDI: A Study of Competition among Governments to Attract FDI*, Paris: OECD Development Centre, 2000.

Chia-Feng Yu, Ta-Cheng Chang and Chinn-Ping Fan, "FDI Timing: Entry Cost Subsidy versus Tax Rate Reduction", *Economic Modelling*, Vol. 24, No.2, 2007.

Chiara Fumagalli, "On the Welfare Effects of Competition for Foreign Direct Investment", *European Economic Review*, Vol. 47, No.6, 2003.

Claude E. Barfield and Mark A. Groombridge, "The Economic Case for Copyright Owner Control Over Parallel Imports", *The Journal of World Intellectual Property*, Vol. 1, No.6, 1998.

Dale F. Duhan and Mary J. Sheffet, "Gray Markets and the Legal Status of Parallel Importation", *Journal of Marketing*, No.52, 1988.

Damien Neven and Georges Siotis, "Technology Sourcing and FDI in the EC: An Empirical Evaluation", *International Journal of Industrial Organization*, Vol. 14, No.5, 1996.

Dan Black and William Hoyt, "Bidding for Firms", *American Economic Review*, Vol. 79, No.5, 1989.

Daron Acemoglu, Ufuk Akcigit and Nicholas Bloom, et al., "Innovation, Reallocation, and Growth", *American Economic Review*, Vol. 108, No. 11, 2018.

David Wheeler and Ashoka Mody, "International Investment Location Decision: The Case of U.S. Firms", *Journal of International Economics*, Vol. 33, No.1-2, 1992.

Dustin Tingley, Christopher Xu and Adam Chilton, et al., "The Political Economy of Inward FDI: Opposition to Chinese Mergers and Acquisitions", *The Chinese Journal of International Politics*, Vol. 8, No.1, 2015.

Eckhard Janeba, "Tax Competition in Imperfectly Competitive Markets", *Journal of International Economics*, Vol. 44, No.1, 1998.

Eduardo Borensztein, Jose De Gregorio and Jong-Wha Lee, "How does Foreign Direct Investment Affect Economic Growth?", *Journal of International Economics*, Vol. 45, No.1, 1998.

Edward M. Graham and Paul R. Krugman, eds., *Foreign Direct Investment in the United States*, New York: New York University Press, 1992.

Elhanan Helpman, Marc J. Melitz and Stephen R. Yeaple, "Exports versus FDI with Heterogeneous Firms", *American Economic Review*, Vol. 94, No. 1, 2004.

Elias Dinopoulos and Bulent Unel, "A Simple Model of Quality Heterogeneity and International Trade", *Journal of Economic Dynamics and Control*, Vol. 37, No.1, 2013.

Enrico Pennings and Leo Sleuwaegen, "The Choice and Timing of Foreign Direct Investment under Uncertainty", *Economic Modelling*, Vol. 21, No. 6, 2004.

Florence Hubert and Nigel Pain, "Fiscal Incentives, European Integration and the Location of Foreign Direct Investment", *The Manchester School*, Vol. 70, No.3, 2002.

Franklin R. Root, eds., *Entry Strategies for International Markets*, London: Lexington Books, 1994.

Friedrich Schneider and Bruno S. Frey, "Economic and Political Determinants of Foreign Direct Investment", *World Development*, Vol. 13, No.2, 1985.

Garrick Blalock and Paul J. Gertler, "Welfare gains from Foreign Direct Investment through Technology Transfer to Local Suppliers", *Journal of International Economics*, Vol. 74, No.2, 2008.

Gene M. Grossman and Elhanan Helpman, eds., *Innovation and Growth in the Global Economy*, Cambridge MA: MIT Press, 1991.

Gene M. Grossman and Elhanan Helpman, "Trade, Knowledge Spillovers, and Growth", *European Economic Review*, Vol. 35, No.2-3, 1995.

George Norman and Massimo Motta, "Eastern European Economic Integration and Foreign Direct Investment", *Journal of Economics and Management Strategy*, Vol. 2, No.4, 1993.

George R. Zodrow and Peter Mieszkowski, "Pigou, Tiebout, Property Taxation, and the Underprovision of Public Goods", *Journal of Urban Economics*, Vol. 19, No.3, 1986.

George Symeonidis, "Comparing Cournot and Bertrand Equilibria in a Differentiated Duopoly with Product R&D", *International Journal of Industrial Organization*, Vol. 21, No.1, 2003.

Giorgio Matteucci and Pierfrancesco Reverberi, "Parallel Trade, Product Quality, and Welfare", *Economics Letters*, No.122, 2014.

Harry Grubert and John Mutti, "Taxes, Tariffs and Transfer Pricing in Multinational Corporate Decision Making", *Review of Economics and Statistics*, Vol. 73, No.2, 1991.

Henrik Horn and Lars Persson, "The Equilibrium Ownership of an International Oligopoly", *Journal of International Economics*, Vol. 53, No. 2, 2001.

Holger Görg, Hassan Molana and Catia Montagna, "Foreign Direct Investment, Tax Competition and Social Expenditure", *International Review of Economics and Finance*, Vol. 18, No.1, 2009.

Horst Raff, "Preferential Trade Agreements and Tax Competition for Foreign Direct Investment", *Journal of Public Economics*, Vol. 88, No.12, 2004.

Irene Bertschek, "Product and Process Innovation as a Response to Increasing Imports and Foreign Direct Investment", *Journal of Industrial Economics*, Vol. 43, No.4, 1995.

James H. Love and Francisco Lage-Hidalgo, "Analysing the Determinants of US Direct Investment in Mexico", *Applied Economics*, Vol. 32, No. 10, 2000.

James R. Markusen, Edward R. Morey and Nancy Olewiler, "Competition in Regional Environmental Policies When Plant Locations are Endogenous", *Journal of Public Economics*, Vol. 56, No.1, 1995.

Jan I. Haaland and Ian Wooton, "International Competition for Multinational Investment", *Scandinavian Journal of Economics*, Vol. 10, No.4, 1999.

Jiancheng Guan and N. Ma, "Innovative Capability and Export Performance of Chinese Firms", *Technovation*, Vol. 23, No.9, 2003.

Jimmy Ran, Jan P. Voon and Guangzhong Li, "How does FDI Affect China? Evidence from Industries and Provinces", *Journal of Comparative Economics*, Vol. 84, No.2, 2007.

Joel Stiebale, "The Impact of Cross-border Mergers and Acquisitions on the Acquirers' R&D-Firm-level Evidence", *International Journal of Industrial Organization*, Vol. 31, No.4, 2013.

Joel Stiebale, and Frank Reize, "The Impact of FDI through Mergers and Acquisitions on Innovation in Target Firms", *International Journal of Industrial Organization*, Vol. 29, No.2, 2011.

John Cantwell and Ram Mudambi, "The Location of MNE R&D Activity: The Role of Investment Incentives", *Management International Review*, Vol. 40, No.1, 2000.

John D. Wilson, "A Theory of Interregional Tax Competition", *Journal of Urban Economics*, Vol. 19, No.3, 1986.

Jose Guimón, "Government Strategies to Attract R&D - intensive FDI", *Journal of Technology Transfer*, Vol. 34, No.4, 2009.

Joseph Farrell and Michael Katz, "Innovation, Rent Extraction, and Integration in Systems Markets", *Journal of Industrial Economics*, Vol. 48, No. 4, 2000.

Jozef Konings, "The Effects of Foreign Direct Investment on Domestic Firms: Evidence from Firm-level Panel Data in Emerging Economies", *Economics of Transition*, Vol. 9, No.3, 2001.

J. Peter Neary, "Foreign Direct Investment and the Single Market", *The Manchester School*, Vol. 70, No.3, 2002.

J. Peter Neary, "Cross-border Mergers as Instruments of Comparative Advantage", *Review of Economic Studies*, Vol. 74, No.4, 2007.

J.S. Chard and C.J. Mellor, "Intellectual Property Rights and Parallel Imports", *The World Economy*, No.12, 1989.

Junjie Hong and Anthony T. H. Chin, "Modeling the Location Choices of Foreign Investments in Chinese Logistics Industry", *China Economic Review*, Vol. 18, No.4, 2007.

Kamal Saggi, "Entry into a Foreign Market: Foreign Direct Investment versus Licensing", *Review of International Economics*, Vol. 4, No.1, 1996.

Kamal Saggi, "Foreign Direct Investment, Licensing, and Incentives for Innovation", *Review of International Economics*, Vol. 7, No.4, 1999.

Kein Honglin Zhang, "What Attracts Foreign Multinational Corporations to China?", *Contemporary Economic Policy*, Vol. 19, No.3, 2001.

Kein Honglin Zhang, "Why does So Much FDI from Hong Kong and Taiwan Go to Mainland China?", *China Economic Review*, Vol. 16, No.3, 2005.

Keith D. Brouthers and Lance E. Brouthers, "Acquisition or Greenfield Start-up? Institutional, Cultural and Transaction Cost Influence", *Strategic Management Journal*, Vol. 28, No.7, 2000.

Keith E. Maskus, "Parallel Imports", *The World Economy*, No.23, 2000.

Keith E. Maskus, eds., *Intellectual Property Rights in the Global Economy*, Washington, DC: Institute for International Economics, 2000.

Keith E. Maskus and Frank Stähler, "Retailers as Agents and the Limits of Parallel Trade", *European Economic Review*, No.70, 2014.

Keith E. Maskus and Yongmin Chen, "Vertical Price Control and Parallel Imports: Theory and Evidence", *Review of International Economics*, No. 12, 2004.

Keith Head and John Ries, "Inter-City Competition for Foreign Investment: Static and Dynamic Effects of China's Incentive Areas", *Journal of Urban Economics*, Vol. 40, No.1, 1996.

Keith Head and John Ries, "International Mergers and Welfare under Decentralized Competition Policy", *Canadian Journal of Economics*, No. 30, 1997.

Keith Head, John Ries and Deborah Swenson, "Agglomeration Benefits and Location Choice: Evidence from Japanese Manufacturing Investment in the United States", *Journal of International Economics*, Vol. 38, No. 3 – 4, 1995.

Keith Head, John Ries and Deborah Swenson, "Attracting Foreign Manufacturing: Investment Promotion and Agglomeration", *Regional Science and Urban Economics*, Vol. 29, No.2, 1999.

Kjetil Bjorvatn and Carsten Eckel, "Policy Competition for Foreign Direct Investment between Asymmetric Countries", *European Economic Review*, Vol. 50, No.7, 2006.

Kui-yin Cheung and Ping Lin, "Spillover Effects of FDI on Innovation in China: Evidence from the Provincial Data", *China Economic Review*, Vol. 15, No.1, 2004.

Larry D. Qiu, "On the Dynamic Efficiency of Bertrand and Cournot Equilibria", *Journal of Economic Theory*, Vol. 75, No.1, 1997.

Larry D. Qiu and Wen Zhou, "International Mergers: Incentives and Welfar", *Journal of International Economics*, Vol. 68, No.1, 2006.

Lee G. Branstetter and Robert C. Feenstra, "Trade and Foreign Direct Investment in China: A Political Economy Approach", *Journal of International Economics*, Vol. 58, No.2, 2002.

Leonard K. Cheng and Yum K. Kwan, "What are the Determinants of the Location of Foreign Direct Investment? The Chinese Experience", *Journal of International Economics*, Vol. 51, No.2, 2000.

Lin Zhang, "The Knowledge Spillover Effects of FDI on the Productivity and

Efficiency of Research Activities in China", *China Economic Review*, Vol. 42, 2017.

Louis T., Jr. Wells, Nancy Allen and Jacques Morisset, et al., eds., *Using Tax Incentives to Compete for Foreign Investment: Are They Worth the Cost*, Washington, DC: FIAS, 2001.

Marco Mutinelli and Lucia Piscitello, "The Entry Mode Choice of MNE: An Evolutionary Approach", *Research Policy*, Vol. 27, No.5, 1998.

Mark J. Melitz, "The Impact of Trade on Intra-industry Reallocations and Aggregate Industry Productivity", *Econometrica*, Vol. 71, No.6, 2003.

Martin Richardson, "An Elementary Proposition Concerning Parallel Imports", *Journal of International Economics*, No.56, 2002.

Mary Amiti and Jozef Konings, "Trade Liberalization, Intermediate Input, and Productivity: Evidence from Indonesia", *American Economic Review*, Vol. 97, No.5, 2007.

Massimo Motta and George Norman, "Does Economic Integration Cause Foreign Direct Investment?", *International Economic Review*, Vol. 37, No. 4, 1996.

Mattias Ganslandt and Keith E. Maskus, "Parallel Import and the Pricing of Pharmaceutical Products: Evidence from the European Union", *Journal of Health Economics*, No.23, 2004.

Mette R. Skaksen, "Should Governments Subsidies Inward Foreign Direct Investment?", *Scandinavian Journal of Economics*, Vol. 107, No.1, 2005.

Michael O. Moore, "Determinants of German Manufacturing Direct Investment: 1980-1988", *Review of World Economics*, Vol. 129, No. 1, 1993.

Michael P. Devereux and Rachel Griffith, "Taxes and the Location of Production: Evidence from a Panel of US Multinationals", *Journal of Public Eco-*

nomics, Vol. 68, No.3, 1998.

Michael W. Klein and Eric S. Rosengren, "The Real Exchange Rate and Foreign Direct Investment in the United States: Relative Wealth vs. Relative Wage Effects", *Journal of International Economics*, Vol. 36, No. 3 - 4, 1994.

Mi Lin and Yum K. Kwan, "FDI Technology Spillovers, Geography, and Spatial Diffusion", *International Review of Economics & Finance*, No.43, 2016, 43.

Murat Seker, "Importing, Exporting, and Innovation in Developing Countries", *Review of International Economics*, Vol. 20, No.2, 2012.

NERA, eds., *The Economic Consequences of the Choice of a Regime of Exhaustion in the Area of Trademarks*, London: Final report for DGXV of the European Commission, 1999.

Nicholas Bloom, Draca Mirko and J Van. Reenen, "Trade Induced Technical Change? The Impact of Chinese Imports on Innovation, IT and Productivity", *Review of Economic Studies*, Vol. 83, No.1, 2016.

Olivier Bertrand, "On the Effects of Economic Integration on Greenfield Investments and Cross-border Mergers and Acquisitions Location Pattern?", *Journal of Economic Integration*, Vol. 20, No.1, 2005.

Olivier Bertrand and Pluvia Zuniga, "R&D and M&A: Are Cross-border M&A Different? An Investigation on OECD Countries", *International Journal of Industrial Organization*, Vol. 24, No.2, 2006.

Oliver E. Williamson, eds., *The Economic Institutions of Capitalisms: Frims, Markets, Ratinal Contracting*, New York: Free Press, 1985.

Patricia M. Danzon and Adrian Towse, "Differential Pricing for Pharmaceuticals: Reconciling Access, R&D and Patents", *International Journal of Health Care Finance and Economics*, No.3, 2003.

Paul Krugman, "The Narrow Moving Band, the Dutch Disease, and the Competitive Consequences of Mrs. Thatcher: Notes on Trade in the Presence of Dynamic Scale Economies", *Journal of Development Economics*, Vol. 27, No.1, 2006.

Pertti Haaparanta, "Competition for Foreign Direct Investments", *Journal of Public Economics*, Vol. 60, No.1, 1996.

Pinelopi Goldberg, Amit Khandelwal and Nina Pavcnik, et al., "Trade Liberalization and New Imported Inputs", *American Economic Review*, Vol. 99, No.2, 2009.

Pontus Braunerhjelm and Roger Svensson, "Host Country Characteristics and Agglomeration in Foreign Direct Investment", *Applied Economics*, Vol. 28, No.7, 1996.

Qian Hao and Sajal Lahiri, "Competition for Foreign Direct Investment: The Role of Technology and Market Structure", *International Review of Economics and Finance*, Vol. 18, No.4, 2009.

Qing Liu and Larry D. Qiu, "Intermediate Input Imports and Innovations: Evidence from Chinese Firms' Patent Filings", *Journal of International Economics*, No.103, 2016.

Riccardo Crescenzi, Luisa Gagliardi and Simona Iammarino, "Foreign Multinationals and Domestic Innovation: Intra-industry Effects and Firm Heterogeneity", *Research Policy*, Vol. 44, No.3, 2015.

Robert E.B. Lucas, "On the Determinants of Direct Foreign Investment: Evidence from East and Southeast Asia", *World Development*, Vol. 21, No. 3, 1993.

Robert M. Salomon and J. Myles Shaver, "Learning by Exporting: New Insights from Examining Firm Innovation", *Journal of Economics & Management Strategy*, Vol. 14, No.2, 2005.

Roberto Basile, Davide Castellani and Antonello Zanfei, "Location Choices of Multinational Firms in Europe: The Role of EU Cohesion Policy", *Journal of International Economics*, Vol. 74, No.2, 2008.

Romita Biswas, "Determinants of Foreign Direct Investment", *Review of Development Economics*, Vol. 6, No.3, 2002.

Ronald B. Davies, "State Tax Competition for Foreign Direct Investment: A Winnable War?", *Journal of International Economics*, Vol. 67, No. 2, 2005.

Ronald B. Davie and Christopher J. Ellis, "Competition in Taxes and Performance Requirements for Foreign Direct Investment", *European Economic Review*, Vol. 51, No.6, 2007.

Ronald S. Saunders, "The Determinants of Interindustry Variation of Foreign Ownership in Canadian Manufacturing", *Canadian Journal of Economics*, Vol. 15, No.1, 1982.

Rosario Crinò, "Imported Inputs and Skill Upgrading", *Labour Economics*, Vol. 19, No.6, 2012. Pedro P. Barros and Luís Cabral, "Competing for Foreign Direct Investment", *Review of International Economics*, Vol. 8, No. 2, 2000.

Salvador Barrios, Holger Görg and Eric Strobl, "Foreign Direct Investment, Competition and Industrial Development in the Host Country", *European Economic Review*, Vol. 49, No.7, 2005.

Santanu Roy and Kamal Saggi, "Equilibrium Parallel Import Policies and International Market Structure", *Journal of International Economics*, No. 87, 2012.

Seth E. Lipner, eds., *The Legal and Economic Aspects of Gray Market Goods*, London: Quoram Books, 1990.

Stefan Buehler and Armin Schmutzler, "Intimidating Competitors-endogenous

Vertical Integration and Downstream Investment in Successive Oligopoly", *International Journal of Industrial Organization*, Vol. 26, No.1, 2008.

Stefano Rossi and Paolo F. Volpin, "Cross-country Determinants of Mergers and Acquisitions", *Journal of Financial Economics*, Vol. 74, No.2, 2004.

Steven Brakman, Harry Garretsen and Charles van Marrewijk, et al., "Cross-border Merger & Acquisition Activity and Revealed Comparative Advantage in Manufacturing Industries", *Journal of Economics & Management Strategy*, Vol. 22, No.1, 2013.

Thiess Buettner and Martin Ruf, "Tax Incentives and the Location of FDI: Evidence from a Panel of German Multinationals", *International Tax and Public Finance*, Vol. 14, No.2, 2007.

Thomas Kemeny, "Does Foreign Direct Investment Drive Technological Upgrading?", *World Development*, Vol. 38, No.11, 2010.

Tommaso M. Valletti, "Differential Pricing, Parallel Trade, and the Incentive to Invest", *Journal of International Economics*, No.70, 2006.

UNCTAD, eds., *Incentives and FDI*, New York: United Nations, 1996.

UNCTAD, eds., *Transnational Corporations, Extractive Industries and Development*, New York: United Nations, 2007.

Ursula Fritsch and Holger Görg, "Outsourcing, Offshoring and Innovation: Evidence from Firm-level Data for Emerging Economies", *Review of International Economics*, Vol. 23, No.4, 2015.

Volker Nocke and Stephen Yeaple, "Cross-border Mergers and Acquisitions vs. Greenfield Foreign Direct Investment: The Role of Firm Heterogeneity", *Journal of International Economics*, Vol. 72, No.2, 2007.

Yi Lu and Travis Ng, "Do Imports Spur Incremental Innovation in the South?", *China Economic Review*, Vol. 23, No.4, 2012.

Yi Lu, Zhigang Tao and Lianming Zhu, "Identifying FDI Spillovers", *Journal of International Economics*, No.107, 2017.

Yoram Weiss, "The Effect of Labor Unions on Investment in Training: A Dynamic Model", *Journal of Political Economy*, Vol. 93, No.5, 1985.

Yuqing Xing and Guanghua Wan, "Exchange Rates and Competition for FDI in Asia", *World Economy*, Vol. 29, No.4, 2006.

附　　录

附录 A　第三章的参数取值、模型推导

（一）参数的具体取值

$$c^* = \frac{387-8\sqrt{1463}}{769},\ c_1 = \frac{9825-8\sqrt{433610}}{45003},\ c_2 = \frac{93}{503},$$

$$c_3 = \frac{379-12\sqrt{438}}{713},\ t^* = \frac{(\sqrt{1463}-7)(1+c)}{101},$$

$$t_1 = \frac{7-45c-\sqrt{58950c-4585-135009c^2}}{331},$$

$$t_2 = \frac{7-45c+\sqrt{58950c-4585-135009c^2}}{331},$$

$$t_3 = \frac{\sqrt{6(415-522c-1305c^2)}-24}{174},$$

$$t_4 = \frac{17-27c+\sqrt{2(683+22158c-72333c^2)}}{359}。$$

（二）企业研发条件下跨国公司的不同投资决策

首先分析跨国公司并购企业 A1 的情况。此时两个企业的利润函数

分别为

$$\pi_M^{A1} = p_A x_A + (p_B - t) x_B,$$

$$\pi_{A2}^{A1} = (p_A - c + k) y_A + (p_B - c + k - t) y_B - \frac{\alpha k^2}{2}。$$

求解两个企业的利润最大化,得到

$$x_A = \frac{1 + c - k}{3}, \quad y_A = \frac{1 - 2c + 2k}{3},$$

$$x_B = \frac{1 - t + c - k}{3}, \quad y_B = \frac{1 - t - 2c + 2k}{3}。$$

企业 A2 通过最大化自身利润

$$\pi_{A2}^{A1} = \frac{(1 - 2c + 2k)^2}{9} + \frac{(1 - t - 2c + 2k)^2}{9} - \frac{\alpha k^2}{2}$$

确定其最优技术革新程度

$$k_1 = \frac{4(2 - t - 4c)}{9\alpha - 16}。$$

此时,各个企业在两国的销量是

$$x_A = \frac{9\alpha(1+c) - 4(6-t)}{3(9\alpha - 16)}, \quad x_B = \frac{9\alpha(1+c-t) - 4(6-5t)}{3(9\alpha - 16)},$$

$$y_A = \frac{9\alpha(1-2c) - 8t}{3(9\alpha - 16)}, \quad y_B = \frac{t(8-9\alpha) + 9\alpha(1-2c)}{3(9\alpha - 16)},$$

企业利润、各国消费者剩余以及社会福利分别是

$$\pi_M^{A1} = \frac{18(8 - 3\alpha - 3c\alpha)^2 - 18t(8 - 3\alpha)(8 - 3\alpha - 3c\alpha) + t^2(416 - 360\alpha + 81\alpha^2)}{9(16 - 9\alpha)^2},$$

$$\pi_{A2}^{A1} = \frac{18\alpha(1-2c)^2 - 18t\alpha(1-2c) + t^2(9\alpha - 8)}{9(9\alpha - 16)},$$

$$CS_A^{A1} = \frac{[4t + 3(8 + 3c\alpha - 6\alpha)]^2}{18(16 - 9\alpha)^2},$$

$$W_B^{A1} = CS_B^{A1} = \frac{[2t(9\alpha - 14) + 3(8 - 6\alpha + 3c\alpha)]^2}{18(16 - 9\alpha)^2},$$

$$W_A^{A1} = \frac{1}{18(16-9\alpha)^2} \{9[320-16(16+5c+16c^2)\alpha+9(8-8c+29c^2)\alpha^2]$$
$$+4t^2(308-288\alpha+81\alpha^2) -36t[80-2(32+5c)\alpha+9(2-c)\alpha^2]\}。$$

其次分析跨国公司在 B 国新建投资的情况。此时各个企业在两国的产量分别为

$$x_A = \frac{8\alpha(1+t+c)-3(8+5t)}{8(4\alpha-9)}, \quad x_B = \frac{8\alpha(1+c-2t)-3(8-13t)}{8(4\alpha-9)},$$

$$y_A = \frac{8\alpha(1+t-3c)-27t}{8(4\alpha-9)}, \quad y_B = \frac{8\alpha(1-2t-3c)+27t}{8(4\alpha-9)},$$

$$z_A = \frac{8\alpha(1+c-3t)-3(8-19t)}{8(4\alpha-9)} \text{ 和 } z_B = \frac{8\alpha(1+c+2t)-3(8+11t)}{8(4\alpha-9)}。$$

各企业利润、各国消费者剩余以及社会福利如下所示

$$\pi_{A1}^B = \frac{64t(3-\alpha)(\alpha+c\alpha-3)+64(\alpha+c\alpha-3)^2+t^2(873-744\alpha+160\alpha^2)}{32(9-4\alpha)^2},$$

$$\pi_{A2}^B = \frac{16(1-3c)^2\alpha-16(1-3c)t\alpha-t^2(81-40\alpha)}{32(4\alpha-9)},$$

$$\pi_M^B = \frac{64t(3-\alpha)(\alpha+c\alpha-3)+64(\alpha+c\alpha-3)^2+t^2(2169-1896\alpha+416\alpha^2)}{32(9-4\alpha)^2},$$

$$CS_A^B = \frac{[t(8\alpha-15)+8(6-3\alpha+c\alpha)]^2}{128(9-4\alpha)^2},$$

$$W_B^B = CS_B^B = \frac{[t(16\alpha-33)+8(6-3\alpha+c\alpha)]^2}{128(9-4\alpha)^2},$$

$$W_A^B = \frac{3t^2(2211-1984\alpha+448\alpha^2)+16t[75(3-c)\alpha+8(5c-7)\alpha^2-234]}{128(9-4\alpha)^2}$$

$$+\frac{72+(42c-69-81c^2)\alpha+(17-22c+41c^2)\alpha^2}{2(9-4\alpha)^2}。$$

附录 B 第四章的参数取值、模型推导

（一）参数的取值

$$c^* = \frac{17}{2(377+18\sqrt{434})}, \quad t^* = \frac{\sqrt{1463+14212c-2884c^2}-7-34c}{101},$$

$$c_1 = \frac{8515-6\sqrt{433610}}{24818}, \quad c_2 = \frac{38253745-361236\sqrt{1463}}{141978146},$$

$$c_3 = \frac{1}{122}(283-6\sqrt{2101}), \quad c_4 = \frac{17}{2(377+18\sqrt{434})},$$

$$t_1 = \frac{7-26c-\sqrt{34060c-4585-49636c^2}}{331},$$

$$t_2 = \frac{7-26c+\sqrt{34060c-4585-49636c^2}}{331},$$

$$t_3 = \frac{1}{359}\left(17-22c+\sqrt{2(683+10396c-23452c^2)}\right),$$

$$t_4 = \frac{1}{101}(\sqrt{1463}-7)(1-2c),$$

$$t_5 = \frac{1}{174}\left[\sqrt{6(415+9740c-2036c^2)}-8(3+9c)\right],$$

$$t_6 = \frac{2}{13}(13-41c),$$

$$t_7 = \frac{24(161\sqrt{5964605-24737694c+26069897c^2}-174394+240435c)}{17104429},$$

$$t_8 = \frac{2(31-104c)}{31},$$

$$t_9 = \frac{16(824-2752c+23\sqrt{450640c-629116c^2-67465})}{353087}。$$

(二) 企业研发条件下跨国公司的不同投资决策

首先分析跨国公司并购企业 A1 的情况。此时两个企业的利润函数如下所示

$$\pi_M^{A1} = p_A x_A + (p_B - t) x_B,$$

$$\pi_{A2}^{A1} = (p_A - c + k) y_A + (p_B - c + k - t) y_B - \frac{\alpha k^2}{2}。$$

企业为了追逐最大的利润决定其产品的销量

$$x_A = \frac{1 + c - k}{3}, \quad y_A = \frac{1 - 2c + 2k}{3}, \quad x_B = \frac{1 - t + c - k}{3}, \quad y_B = \frac{1 - t - 2c + 2k}{3}。$$

显然，跨国公司凭借其成本优势，每个市场上的销售量都超过了竞争对手。在此基础上企业 A2 选择技术革新程度 $k^{A1} = \dfrac{4(2 - t - 4c)}{9\alpha - 16}$。此时各企业的销量是

$$x_A = \frac{9(1+c)\alpha - 4(6-t)}{3(9\alpha - 16)}, \quad x_B = \frac{9\alpha(1+c-t) - 4(6-5t)}{3(9\alpha - 16)},$$

$$y_A = \frac{9\alpha(1-2c) - 8t}{3(9\alpha - 16)}, \quad y_B = \frac{t(8 - 9\alpha) + 9\alpha(1-2c)}{3(9\alpha - 16)},$$

企业利润、各国消费者剩余以及社会福利分别是

$$\pi_M^{A1} = \frac{18(8 - 3\alpha - 3c\alpha)^2 - 18t(8 - 3\alpha)(8 - 3\alpha - 3c\alpha) + t^2(416 - 360\alpha + 81\alpha^2)}{9(16 - 9\alpha)^2},$$

$$\pi_{A2}^{A1} = \frac{18\alpha(1-2c)^2 - 18t\alpha(1-2c) + t^2(9\alpha - 8)}{9(9\alpha - 16)},$$

$$CS_A^{A1} = \frac{[4t + 3(8 + 3c\alpha - 6\alpha)]^2}{18(16 - 9\alpha)^2}, \quad W_A^{A1} = \pi_{A2}^{A1} + CS_A^{A1},$$

$$CS_B^{A1} = \frac{[2t(9\alpha - 14) + 3(8 - 6\alpha + 3c\alpha)]^2}{18(16 - 9\alpha)^2}, \quad W_B^{A1} = CS_B^{A1}。$$

注意到对并购企业 A1 的分析，不难发现当跨国公司选择企业 A2 作为并购对象时，各国消费者剩余、企业的技术革新程度与之完全一致，只是此时跨国公司与企业 A1 的利润有所改变，并且 A 国的社会福

利因利润转移部分的减少而有所上升。具体如下所示

$k^{A2}=k^{A1}$, $\pi_M^{A2}=\pi_{A2}^{A1}$, $\pi_{A1}^{A2}=\pi_M^{A1}$, $CS_A^{A2}=CS_A^{A1}$,

$W_A^{A2}=W_A^{A1}+(\pi_{A1}^{A2}-\pi_M^{A2})$, $CS_B^{A2}=CS_B^{A1}$, $W_B^{A2}=W_B^{A1}$

最后分析跨国公司在 B 国新建投资的情况。此时各个企业在两国的销量是

$$x_A=\frac{8\alpha(1+t+2c)-3(8+5t+8c)}{8(4\alpha-9)},$$

$$x_B=\frac{8\alpha(1-2t+2c)-3(8-13t+8c)}{8(4\alpha-9)},$$

$$y_A=\frac{8\alpha(1+t-2c)-27t}{8(4\alpha-9)},\quad y_B=\frac{8\alpha(1-2c-2t)+27t}{8(4\alpha-9)},$$

$$z_A=\frac{8\alpha(1-2c-3t)-3(8-16c-19t)}{8(4\alpha-9)},$$

$$z_B=\frac{8\alpha(1-2c+2t)-3(8+11t)}{8(4\alpha-9)}。$$

进而计算出各企业利润、各国消费者剩余以及社会福利

π_{A1}^B

$$=\frac{64c(3-2\alpha)[c(3-2\alpha)+(2-t)(3-\alpha)]+64(1-t)(3-\alpha)^2+t^2(873-744\alpha+160\alpha^2)}{32(9-4\alpha)^2},$$

$$\pi_{A2}^B=\frac{16\alpha(1-2c)(1-2c-t)-t^2(81-40\alpha)}{32(4\alpha-9)},$$

$$\pi_M^B=\frac{64(3-\alpha)^2[1+4c^2-2c(2-t)-t]+t^2(2169-1896\alpha+416\alpha^2)}{32(9-4\alpha)^2},$$

$$CS_A^B=\frac{[t(8\alpha-15)+8(6-3c-3\alpha+2c\alpha)]^2}{128(9-4\alpha)^2},\quad W_A^B=\pi_{A1}^B+\pi_{A2}^B+CS_A^B,$$

$$CS_B^B=\frac{[t(16\alpha-33)+8(6-3\alpha-3c+2c\alpha)]^2}{128(9-4\alpha)^2},\quad W_B^{A1}=CS_B^{A1}。$$

附录C　第五章的参数取值

$$c^* = \frac{125-\sqrt{946}}{699}, \quad c_1 = \frac{2\sqrt{79}-9}{47}, \quad c_2 = \frac{\sqrt{2}-1}{2}, \quad c_3 = \frac{267-5\sqrt{1902}}{579},$$

$$c_4 = \frac{11-\sqrt{85}}{18}, \quad c_5 = \frac{1302-\sqrt{1226794}}{6044}, \quad c_6 = \frac{14-\sqrt{141}}{66}, \quad c_7 = \frac{91-\sqrt{658}}{363},$$

$$c_8 = \frac{193-18\sqrt{15}}{661}, \quad t^* = \frac{2-4c+\sqrt{2}\sqrt{221+1744c-11380c^2}}{146},$$

$$t_1 = 1-2c-\sqrt{4c+12c^2-1}, \quad t_2 = 1-2c+\sqrt{4c+12c^2-1},$$

$$t_3 = 1-4c-\sqrt{14c-2c^2-1}, \quad t_4 = \frac{5-84c-3\sqrt{3}\sqrt{5208c-12088c^2-155}}{421},$$

$$t_5 = \frac{5-84c+3\sqrt{3}\sqrt{5208c-12088c^2-155}}{421},$$

$$t_6 = \frac{2-12c+\sqrt{2}\sqrt{221+5232c-18324c^2}}{146}。$$

附录D　第七章的命题证明

（一）命题7.1证明如下：

（1）当 $t < \dfrac{9(21-4\sqrt{26})(1-c_i)}{50}$ 时，$\dfrac{\partial \pi_M^P}{\partial t} = \dfrac{4509(1-c_i)+53786t}{37908} > 0$；

（2）当 $\dfrac{9(21-4\sqrt{26})(1-c_i)}{50} \leq t < \dfrac{3(1-c_i)}{14}$ 时，$\dfrac{\partial \pi_M^P}{\partial t} = \dfrac{3(1-c_i)+82t}{144} < 0$；

（3）当 $\dfrac{3(1-c_i)}{14} \leq t < \dfrac{1-c_i}{4}$ 时，$\dfrac{\partial \pi_M^P}{\partial t} = 4t > 0$；

（4）当 $t \geq \dfrac{1-c_i}{4}$ 时，$\dfrac{\partial \pi_M^p}{\partial t}=0$。

因此，π_M^p 随着 t 的增大而先增加，后减少，再增加，在 $t=\dfrac{1-c_i}{4}$ 之后保持不变。

（二）命题 7.2 证明如下：

（1）当 $t<\dfrac{9(21-4\sqrt{26})(1-c_H)}{50}$ 时，

$$\Delta R_M^p=\dfrac{(c_H-c_L)(1350-675c_L-675c_H+668t)}{5616}，$$

由此推算出 $\dfrac{\partial \Delta R_M^p}{\partial t}>0$；

（2）当 $\dfrac{9(21-4\sqrt{26})(1-c_H)}{50} \leq t < \dfrac{9(21-4\sqrt{26})(1-c_L)}{50}$ 时，

$$\Delta R_M^p=\dfrac{18225(1-c_L)^2+18036(1-c_L)t+107572t^2}{151632}$$

$$-\dfrac{63(1-c_H)^2-12(1-c_H)t-164t^2}{576}，$$

由此推算出

$$\dfrac{\partial \Delta R_M^p}{\partial t}=\dfrac{21195-18036c_L-3159c_H+301490t}{151632}>0；$$

（3）当 $\dfrac{9(21-4\sqrt{26})(1-c_L)}{50} \leq t < \dfrac{3(1-c_H)}{14}$ 时，$\Delta R_M^p=$

$\dfrac{(c_H-c_L)(42-21c_L-21c_H-4t)}{192}$，由此推算出 $\dfrac{\partial \Delta R_M^p}{\partial t}<0$；

（4）当 $\dfrac{3(1-c_H)}{14} \leq t < \dfrac{3(1-c_L)}{14}$ 时，

$$\Delta R_M^p=\dfrac{63(1-c_L)^2-12(1-c_L)t-1316t^2}{576}，$$

由此推算出

$$\dfrac{\partial \Delta R_M^p}{\partial t}=-\dfrac{3-3c_L+658t}{144}<0；$$

(5) 当 $\frac{3(1-c_L)}{14} \leq t < \frac{1-c_H}{4}$ 时，$\Delta R_M^p = 2t^2 - 2t^2 = 0$，显然有 $\frac{\partial \Delta R_M^p}{\partial t} = 0$；

(6) 当 $\frac{1-c_H}{4} \leq t < \frac{1-c_L}{4}$ 时，$\Delta R_M^p = \frac{16t^2 - (1-c_H)^2}{8}$，由此推算出 $\frac{\partial \Delta R_M^p}{\partial t} > 0$；

(7) 当 $t \geq \frac{1-c_L}{4}$ 时，$\Delta R_M^p = \frac{(c_H - c_L)(2 - c_L - c_H)}{8}$，显然有 $\frac{\partial \Delta R_M^p}{\partial t} = 0$。

因此，ΔR_M^p 随着 t 的变大而先增加，后减少，再保持不变后再增加，最后恒定不变。

（三）命题 7.3 证明如下：

(1) 当 $t < \frac{9(21 - 4\sqrt{26})(1 - c_H)}{50}$ 时，

$$\Delta R_M - \Delta R_M^p = \frac{(c_H - c_L)(54 - 27c_L - 27c_H - 688t)}{5616},$$

因为 $\frac{\partial (\Delta R_M - \Delta R_M^p)}{\partial t} = -\frac{167}{1404}(c_H - c_L) < 0$，$\Delta R_M - \Delta R_M^p$ 最小值有可能为负而最大值大于零，所以存在 t^* 使得 $0 \leq t < t^*$ 时有 $\Delta R_M > \Delta R_M^p$ 和 $k > k^p$，而 $t^* \leq t < \frac{9(21 - 4\sqrt{26})(1 - c_H)}{50}$ 时有 $\Delta R_M < \Delta R_M^p$ 和 $k < k^p$；

(2) 当 $\frac{9(21 - 4\sqrt{26})(1 - c_H)}{50} \leq t < \frac{9(21 - 4\sqrt{26})(1 - c_L)}{50}$ 时，因为 $\frac{\partial (\Delta R_M - \Delta R_M^p)}{\partial t} < 0$，$\Delta R_M - \Delta R_M^p$ 最大值有可能为负，所以存在 t^{**} 使得 $\frac{9(21 - 4\sqrt{26})(1 - c_H)}{50} \leq t < t^{**}$ 时有 $\Delta R_M > \Delta R_M^p$ 和 $k > k^p$，而 $t^{**} \leq t < \frac{9(21 - 4\sqrt{26})(1 - c_L)}{50}$ 时有 $\Delta R_M < \Delta R_M^p$ 和 $k < k^p$；

(3) 当 $\frac{9(21 - 4\sqrt{26})(1 - c_L)}{50} \leq t < \frac{3(1 - c_H)}{14}$ 时，$\Delta R_M - \Delta R_M^p > 0$，显

然有 $k>k^p$；

(4) 当 $\dfrac{3(1-c_H)}{14} \leqslant t < \dfrac{3(1-c_L)}{14}$ 时，因为 $\dfrac{\partial(\Delta R_M - \Delta R_M^p)}{\partial t} = \dfrac{3-3c_L+658t}{144}$

>0，所以 $\Delta R_M - \Delta R_M^p \geqslant \dfrac{(c_H-c_L)(16-7c_L-9c_H)}{448} > 0$，显然有 $k>k^p$；

(5) 当 $\dfrac{3(1-c_L)}{14} \leqslant t < \dfrac{1-c_H}{4}$ 时，$\Delta R_M - \Delta R_M^p = \dfrac{(c_H-c_L)(2-c_H-c_L)}{8} > 0$，

显然有 $k>k^p$；

(6) 当 $\dfrac{1-c_H}{4} \leqslant t < \dfrac{1-c_L}{4}$ 时，$\Delta R_M - \Delta R_M^p = \dfrac{(1-c_L)^2 - 16t^2}{8} > 0$，显然有 $k>k^p$；

(7) 当 $t \geqslant \dfrac{1-c_L}{4}$ 时，$\Delta R_M - \Delta R_M^p = 0$，显然有 $k=k^p$。

(四) 对 π_M^p 与 c 关系的分析

(1) 当 $t < \dfrac{9(21-4\sqrt{26})(1-c_i)}{50}$ 时，$\dfrac{\partial \pi_M^p}{\partial c_i} = -\dfrac{675(1-c_i)+334t}{2808} < 0$；

(2) 当 $\dfrac{9(21-4\sqrt{26})(1-c_i)}{50} \leqslant t < \dfrac{3(1-c_i)}{14}$ 时，$\dfrac{\partial \pi_M^p}{\partial c} = \dfrac{2t-21(1-c_i)}{96} < 0$；

(3) 当 $\dfrac{3(1-c_i)}{14} \leqslant t < \dfrac{1-c_i}{4}$ 时，$\dfrac{\partial \pi_M^p}{\partial c} = 0$；

(4) 当 $t \geqslant \dfrac{1-c_i}{4}$ 时，$\dfrac{\partial \pi_M^p}{\partial c} = -\dfrac{1-c_i}{4} < 0$。

因此，π_M^p 随着 c 的增大而先减少，在一定区间内保持不变后继续呈下降趋势。

后 记

本书是在我的博士论文基础上补充完善而成。在博士论文写作以及书稿的整理过程中，虽有苦闷，却备感充实和幸福。这期间所有的经历和体验都将沉淀为我生命中最珍贵的部分，永远铭刻于心。

在书稿即将付梓之际，我要向我的恩师李长英教授表示最诚挚的谢意！李老师的学术素养和批判精神令我在学习和科研上获益匪浅；李老师严谨的治学风范和谦和朴实的为人潜移默化影响着我。日常的学术指导乃至私下的闲谈都给我以启迪，生活上的关怀备至令我感到无比的温暖！从李老师那里，我不仅学到了许多专业知识，更重要的是学到了为人为师的行为准则。

我还要特别感谢肖兴志教授和于左研究员。两位老师深厚的学术造诣和敏锐的学术洞察力对我影响深远。在我博士毕业面临工作抉择的时候，肖老师坚定了我选择学术这条道路；在我生活上遇到困苦的时候，于老师的真诚鼓励和无私帮助给了我无穷的力量。

感谢南开大学所有曾经教授我知识的各位老师，他们倾囊相授，令我从中吸收了丰富的知识和授课经验。

感谢产业组织与企业组织研究中心的领导和同事们，为我提供了一个宽松、自由的学术环境，使我有更多的时间和精力投入到书稿的修改

后　记

与完善中；感谢我的同学们和学生们，相互之间的学术交流开阔了我的思路，在我撰写书稿期间提供了各种形式的帮助，在此一并致以深深的感谢！

最后，感谢家人长期以来对我的支持和呵护！感谢爸爸、妈妈在我面临选择时给予的尊重与信任；感谢姐姐、哥哥在我失意、迷茫时给予的关心与开解；感谢我的先生在求学和科研路上的朝夕相伴，感谢对我的理解与包容，让我时刻感受家的温暖；感谢我的女儿对我毫无条件的爱，给了我持续前行的动力和勇气。正是因为家人无微不至的关爱和支持，我才能将我的兴趣变成我的工作。

未来的科研之路还很漫长，我会更加努力地学习和工作，不辜负曾经帮助过我的老师、朋友和家人们。希望疫情不在，人间皆安！

付红艳

2020 年 9 月于问源阁